Venez lui dire !

Enjeux du théâtre-forum

Venez lui dire !

Enjeux du théâtre-forum

Isabelle Augier-Jeannin

En application de l'art. L.137-2.-I. du code de la propriété intellectuelle, toute reproduction et/ou divulgation de parties de l'œuvre dépassant le volume prévu par la loi est expressément interdite.

© Isabelle Augier-Jeannin, 2024

Relecture : Edy-Anita Cisse
Correction : Isabelle Augier-Jeannin
Autres contributeurs : La Ménagère du chaos

Édition : BoD · Books on Demand GmbH, In de Tarpen 42, 22848 Norderstedt (Allemagne)
Impression : Libri Plureos GmbH, Friedensallee 273, 22763 Hamburg (Allemagne)

ISBN : 978-2-3225-5512-3
Dépôt légal : Septembre 2024

Tous mes remerciements à Marisa Lai Puiatti, ancienne Déléguée du Défenseur des Droits Auvergne-Rhône-Alpes, pour toutes ces années de soutien à mon travail en théâtre-forum, pour sa lecture bienveillante et sans complaisance de mes écrits et pour ses conseils avisés.

Mardi 30 janvier 2024

Me voici au pied du mur. Je ne peux plus tergiverser. J'ai passé suffisamment de temps à regarder le planning, à fixer le nombre de pages que mon essai devait avoir, à échafauder son plan dans les grandes lignes… J'ai même trouvé son titre, dont je ne suis pas peu fière : *Venez lui dire !* , exclamation qui me semble bien être non seulement l'épine dorsale de mon propos, mais également sa dynamique, son émotion.

Je me suis donné un délai de fabrication, une échéance. Le 15 juin 2024, c'est décidé, mon livre est achevé. C'est la date butoir, la fin de l'écriture. Après commencera l'aventure de l'édition, bouteille à la mer qui contiendra mon dernier-né de papier.
Maintenant que tout est bordé, je suis bien obligée de me lancer.
Je dois commencer le livre.

Poser une date, comme ça, de manière presque aléatoire - le 15 juin - c'est comme décider du jour d'une première représentation. De fait, comme pour un spectacle, je suis émue par ce démarrage d'une belle, d'une grande aventure.
Comme pour un spectacle, j'ai pris un rendez-vous fin février avec Gilles Fichez, fondateur de la compagnie TENFOR[1] (Théâtre Entreprise Forum) avec laquelle je travaille.
J'ai dépensé des sous comme pour lorsqu'on monte un spectacle sans aides ni subventions. Moi dont le compte bancaire est régulièrement au rouge vif, j'ai acheté des billets de train pour aller à Nantes interviewer le metteur en scène qui m'a initiée au théâtre-forum. J'ai même supprimé pour cet entretien des sessions de formation qui m'auraient apporté quelques sous. J'ai fait le pari que j'avais davantage à gagner à écrire cette formalisation de ma pratique qu'à courir les contrats. Le compte en banque attendra pour se remplumer.

---

[1] Compagnie TENFOR : https://www.cie-tenfor.com/

Me voici donc partie dans l'introduction. Qu'est-ce que je veux raconter ?

Je veux parler de ma vie de Joker en théâtre-forum.

Si je dis « Joker », il ne faut pas s'attendre à un personnage grimaçant, clownesque, voire méchant, à la manière d'un film américain. Même si j'aime bien cette iconographie inquiétante du personnage, qui me fait penser à l'Arlequin un tantinet diabolique de la commedia dell'arte que j'affectionne, je dois quand même dire que le ou la Joker, en théâtre-forum, c'est simplement le meneur ou la meneuse de jeu, celui ou celle qui fait le lien entre les spectateurices et les comédien.ne.s.

Je vais faire un petit tour du côté de son étymologie, et, du même coup, savoir pourquoi on utilise souvent ce mot-là plutôt que l'expression « meneur.se de jeu ». Conformément à ma nature scolaire de deuxième de la classe, je fais donc appel au dictionnaire, ici au Larousse accessible sur Internet – malgré mon âge avancé, je suis moderne – et j'obtiens ceci :

Joker

Nom masculin - (anglais *joker,* de *to joke,* plaisanter)
- 1. Au poker et à divers jeux, carte qui prend la valeur que lui donne celui qui la possède dans son jeu.
- 2. Élément inattendu qui se révèle déterminant dans le succès d'une entreprise : Sortir son joker.
- 3. Personne choisie pour en remplacer temporairement une autre : « Elle sera le joker du présentateur du 20 heures. »

Outre l'étymologie liée au mot « plaisanterie », qui me rend le personnage fort sympathique, les trois définitions me plaisent bien.

J'aime le côté caméléon de la première. Elle me semble mettre en lumière la tâche dévolue au meneur de jeu, à savoir être au service des spectateurs et relayer leur parole sans mettre la sienne en avant. De plus, le ou la Joker, sur le plateau comme aux cartes, est maître du jeu. Il ou elle est le gardien des règles et du temps, et sa vigilance est la condition sine qua non pour que tous et toutes puissent s'exprimer, en toute liberté et confiance. Sa tâche est tout d'abord de présenter le spectacle : son contexte, ses objectifs, et le déroulé de la séance.

Dans la deuxième définition, j'apprécie l'élément de surprise que peut apporter ce médiateur quand il provoque le débat, sollicite les réactions, encourage à la recherche de solutions. Le Joker, tonique, parfois bondissant, impulse et maintient la dynamique, tant dans la salle que sur la scène.

Enfin, la troisième définition est en cœur de cible : le ou la Joker, comme ses collègues comédien.ne.s, est un.e remplaçant.e. Humblement, comme le reste de la troupe, il ou elle se fait, le temps de la représentation, le ou la porte-parole des opprimé.e.s, en mettant au jour en leur nom la problématique que l'on a choisi de présenter à la cité, à l'occasion de la représentation.

En bon Joker maître du jeu, à chaque représentation, je présente donc succinctement – mais clairement – en quoi consiste ce théâtre-forum, une forme de spectacle qu'en général au moins une partie de la salle ne connaît pas. Mon explication doit être à la fois rapide et claire. La représentation ne doit pas en général dépasser 1 h 30. Le temps d'explication ne doit par conséquent pas excéder trois à cinq minutes. Je dois impulser dès le départ un rythme entraînant, qui aura raison des timidités et des débats d'opinion non constructifs.

Voici donc ce que je dis en préambule de chaque représentation pour démarrer la séance :

« Savez-vous ce qu'est le théâtre-forum ?

Pour ceux qui ne connaissent pas cette technique un petit peu particulière, je vais l'expliquer en quelques mots :
Qui dit théâtre-forum dit déjà « théâtre ». Du théâtre, vous allez en voir, avec des comédiens, des comédiennes, qui interpréteront des scènes. À l'issue de ces courtes scènes, nous ferons un forum. Nous entendons le terme « forum » dans le sens de « débat ». Vous allez pouvoir donner votre avis sur les situations que vous aurez vues sur le plateau. Mais vous allez le faire d'une manière un petit peu particulière : vous allez venir jouer avec nous sur scène. »
Cette déclaration abrupte a un petit côté dramatique que j'aime appuyer. Je surfe sur elle. Tout d'abord, je me tais. Je laisse s'installer la réaction du public, qu'elle consiste en un silence assourdissant, ou des rires, ou souvent en une rumeur qui enfle comme une vague. J'entame alors un « lazzi », c'est-à-dire, comme en commedia dell'arte, une improvisation – ici un discours improvisé - qui tiendra compte des divers mouvements de la salle, laquelle découvre, stupéfaite ou gênée, qu'elle devra quitter le confort de son siège pour mouiller la chemise sur le plateau. Je raconte ce que je vois et j'entends : soit le lent glissement de certain.e.s, d'abord sur les chaises, puis en dessous. J'affirme avec le ton de la conteuse que, terrorisés par la perspective d'aller sur scène, parfois des spectateurs disparaissent, qu'on ne les retrouve plus à l'issue de la représentation, qu'ils disparaissent à jamais. Soit au contraire je rapporte et décris l'enthousiasme de la salle. Il s'agit en général de scolaires qui voient là une occasion de se dégourdir les jambes. Je relaie alors les exclamations : « Génial ! » « Moi, M'dame ! »…
Mais quelle que soit la réaction du public, il ne faut pas s'endormir dessus. Je le répète, le temps de la représentation est comptée. Alors je rassure les timoré.e.s ou je cadre les intrépides rapidement.

« Ne vous inquiétez pas. Je ne vais pas vous demander de venir sur le plateau tout de suite, sans que nous ayons fait connaissance. C'est pourquoi je vais d'abord vous présenter un comédien (ou une comédienne) de la compagnie. »

J'attaque alors la partie « échauffement du public », qui consiste à provoquer une arrivée progressive des spectateurs sur le plateau. Cet échauffement est basé sur la pratique dite du « photolangage ». Je crée une image à partir du corps du comédien, de la comédienne. Je deviens sculptrice. Le public, depuis son siège, commence à intervenir en donnant son interprétation de l'image modelée. Puis je propose une image à deux comédiens qui doit être cette fois modelée par les spectateurs. Enfin, quand le nombre de comédiens le permet, je conclus par une troisième image à trois, qui va demander aux spectateurs de venir cette fois sur le plateau pour faire la voix off des personnages qu'ils ont imaginés à partir de l'image.

Cet échauffement du public est crucial. Il détermine le degré de participation de la salle, sa confiance envers le Joker et les comédiens. Il détend l'atmosphère grâce au rire provoqué par la posture des comédiens et des comédiennes au fil des images qui se transforment, grâce aux encouragements amusés des spectateurices à chaque fois que l'un.e d'entre eux ou elles modifie l'image ou interprète le scénario qu'iel a imaginé depuis sa place dans la salle.

C'est dans cette ambiance de jeu que la représentation peut débuter.

À la fin de chaque scène, le ou la Joker interpelle le public, de la même manière que pendant l'échauffement : « Quelle est votre interprétation de cette scène ? Qu'est-ce que vous, vous y voyez ? Qu'est-ce qui vous choque ? Pourquoi ? » Il ou elle saisit la parole, tend l'oreille, a les yeux partout pour décoder les mouvements corporels, se met de temps en temps du côté des dissipé.e.s pour solliciter leur attention… En bref il ou elle se démène de tous les côtés de la salle pour arriver à la question qui doit inciter les spectateurices à rejoindre les acteurs et actrices sur scène :

« Vous auriez été à la place de ce personnage, qu'est-ce que vous auriez dit à son oppresseur ? »

Mais surtout, il revient au personnage du Joker de proférer cette injonction performative :

« **Eh bien, venez lui dire !** »

CE QUE LES VIEUX JOKERS ONT À SE DIRE

Le parcours d'Isabelle en théâtre-forum

Donc je suis une Joker et j'ai le pouvoir – et la grande responsabilité - d'utiliser la phrase magique « Venez lui dire ! ».

Mais je ne suis pas que Joker. Comme de nombreux comédiens et comédiennes, le théâtre-forum n'est pas la seule forme théâtrale que je pratique.

Il est bon que je vous fasse une rapide présentation de mon parcours. Comme je me suis déjà bien étendue sur celui-ci dans deux de mes précédents livres[2], je vais essayer cette fois de faire court. Je vais simplement vous dire comment je suis arrivée au théâtre-forum.

Je peux déjà déclarer que ce qui lie le théâtre-forum et mes autres moyens d'expression scénique, c'est l'interactivité. Je m'explique :

Alors que j'étais depuis 1985 spécialisée dans la commedia dell'arte, un style de jeu qui exige un dialogue permanent avec la salle, j'ai été embauchée fin 1993 par Gilles Fichez, directeur de la compagnie TENFOR, troupe de théâtre-forum, pour jouer dans *Orientation toutes*, un spectacle sur l'orientation des filles dans les métiers techniques. J'interprétais Marina, qui était la copine du personnage opprimé, Pascale, une collégienne du même âge : seize ans. J'avais le double de l'âge du rôle, mais je dois dire que je faisais jeune et que le public, qui n'a pas été dupe bien longtemps – jusqu'à mes quarante-deux ans - , a accepté la convention.

Avec la commedia dell'arte, j'avais découvert ce bonheur absolu à la fois d'improviser et de dialoguer en permanence avec la salle. Le théâtre-forum n'a fait que poursuivre l'exploration de ces échanges, si riches et si exigeants. Le public est devenu un élément tellement central

---

[2] *Contribution d'une ouvrière du théâtre au bonheur du monde, Pratique de l'atelier théâtre* – Éd. de l'Harmattan - 2012 ;
Et vous en vivez ? , essai théâtralisé sur le statut et la précarité de l'artiste intervenant et du médiateur artistique – Éd. de l'Harmattan – 2020.

de mon jeu que je ne peux plus aujourd'hui imaginer me passer de cette interactivité en théâtre, quel que soit le mode de création.

J'ai passé de longues années à travailler, de manière intermittente mais récurrente, avec TENFOR, une compagnie dont j'appréciais à la fois le savoir-faire, le professionnalisme et la bonne humeur.

Dans les années 2010, cependant, j'ai été de moins en moins requise pour les spectacles. Je ne pouvais en effet décidément plus jouer les jeunes de seize ans, même de manière conventionnelle, et nous étions quelques-unes à nous faire concurrence pour interpréter les oppresseuses plus âgées. J'ai donc poursuivi mon bonhomme de chemin théâtral avec L'Éléphant de Poche, la compagnie que j'avais créée en 2004 pour produire des spectacles de petites formes, que ce soit en commedia dell'arte, en burlesque musical, mais aussi en théâtre-forum. Je m'étais entre-temps formée à la question de la lutte contre les discriminations, et l'essentiel de mes créations forum ont porté sur cette thématique.

En 2020, Gilles se souvient de moi et me demande de venir rejoindre l'équipe pour intervenir à Bordeaux à l'occasion de la 40ème année du congrès de la Fédération Léo Lagrange[3]. À partir de cette date, je renoue avec TENFOR. Je retrouve avec eux une activité, intermittente, certes, mais plus régulière.

Gilles prend sa retraite en 2021 et émigre à Nantes. Même si de loin en loin il contribue au répertoire de la troupe avec l'écriture de quelques spectacles, il confie le gouvernail à l'équipe de TENFOR, laquelle expérimente d'abord avec plus ou moins de bonheur le principe de la codirection, puis revient à une gestion plus classique avec un coordinateur-directeur, Philippe Occulto, et une administratrice de production-chargée de communication, Clémence Potier.
La troupe m'invite à les rejoindre pour de nouvelles aventures et pour essayer de réfléchir avec eux sur ce qu'est TENFOR et sur quelles valeurs

---

[3] Léo Lagrange, ancien ministre des sports du Front Populaire en 1936.

la compagnie repose. Qu'est-ce que le théâtre-forum selon elle ? Comment poursuivre TENFOR de manière renouvelée ?

De mon côté, j'arrive à la soixantaine. Je suis riche d'une expérience hors TENFOR qui me rend critique et exigeante sur le fond et la forme. J'ai expérimenté pendant quarante ans le jeu théâtral – trente ans le jeu forum. J'ai régulièrement formalisé ma pratique. Je suis arrivée à l'âge de la transmission. Et je me suis rendu compte que ma manière de voir le théâtre-forum n'est pas forcément celle du reste de l'équipe.
Il faut dire que les comédiens et comédiennes de la troupe n'ont pas beaucoup eu le temps de réfléchir ni de formaliser ce qu'était le théâtre-forum. En fait, iels ont juste récupéré une entreprise et ont essayé de la faire perdurer. TENFOR est avant tout leur outil de travail. Iels ont fait les choses de manière pragmatique, sur le terrain, constatant de manière empirique comment peut fonctionner une séance de théâtre-forum ou pas. Iels se rendent compte par exemple que certains textes fonctionnent mal, mais ne savent pas bien pourquoi. La plupart des gens de l'équipe, j'en suis persuadée, ne savent même pas ce qu'est le théâtre de l'opprimé, et à peine qui est Augusto Boal.
Agacée par cette méconnaissance que les personnes ont de leur outil, je repars pour des aventures personnelles.

Pas longtemps : fin 2022, Philippe Occulto, à présent directeur artistique de TENFOR, me demande d'écrire de nouveaux textes et de les mettre en jeu.
Me revoici donc tenforienne, malgré quelques infidélités auprès de mon autoentreprise de médiation artistique[4] qui me permettent de compléter mes contrats auprès de TENFOR.
À soixante et un ans, je chemine donc toujours en théâtre-forum avec cette équipe que j'apprécie, cette famille qui m'énerve parfois prodigieusement, comme toutes les familles, mais que j'aime profondément, malgré tout.

---

[4] La BOATE, Boîte à Outils Artistiques : https://www.la-boate.com/

En dehors de l'écriture, qui m'occupe de plus en plus, c'est le théâtre-forum que je pratique. Il est donc naturel que je veuille arriver à un bilan qui puisse rendre compte à la fois de la fatigue de mon travail théâtral, des difficultés qui se présentent, mais aussi des belles découvertes que je continue, que nous continuons de faire. J'ai envie également de passer le flambeau pour pouvoir me consacrer ensuite à la création pure, par le biais de l'écriture d'abord et des arts plastiques ensuite. Ce qui 'est intéressant à noter, c'est que Gilles, toujours actif dans sa retraite, a décidé de son côté d'explorer le dessin !

Par-delà notre amour du théâtre-forum et cette envie commune d'explorer plusieurs médiums artistiques, Gilles et moi sommes de nature très différents : j'affectionne la clarté, les règles et la ligne droite. Il est poète et privilégie les chemins de traverse. Nos manières de joker sont à nos images.
J'ai pris rendez-vous avec lui pour un moment de réflexion en commun. Parce qu'il est la personne qui m'a initiée au théâtre-forum, son interprétation de celui-ci est importante. En quoi ma vision colle-t-elle ou, au contraire, s'oppose-t-elle à la sienne ? Il sera sûrement fructueux pour cet outil de transmission que sera ce livre de frotter nos points de vue respectifs.
C'est ainsi que les deux vieux Jokers fringants de bientôt soixante-deux et soixante-douze ans que nous sommes, touche-à-tout : comédiens, metteurs en scènes, formateurs, auteurs, avec nos petits bonnets à clochettes - chaque clochette correspondant à une activité - se sont enfermés pendant trois jours dans le bureau nantais de Gilles avec un enregistreur Zoom, prêts à s'immerger en théâtre-forum.

Le parcours de Gilles

Métissage et rapport au public

Gilles : Est-ce que, à un moment donné, on n'a pas à s'interroger, en tant qu'artiste, sur le fait que la création qu'on va produire est métissée par rapport à notre histoire ? Pour évoquer ton parcours, toi, tu parles de métissage. Ton métissage à toi, il est simple. Le métissage, chez moi, a été hyper difficile à trouver.
Quand on aborde le théâtre-forum, ça doit résonner en nous. Et ça résonne en nous par rapport à notre histoire.
Je considère avoir fait du théâtre-forum depuis les années 73. Parce que j'avais cette conscience de travailler avec le public depuis très longtemps. C'est pour ça que je me suis fait foutre à la porte du cirque. Parce que je n'étais pas assez clown. J'étais clown avec le public.
Mon rapport avec le public, c'est paradoxalement le fait que je suis né dans une famille qui n'était pas théâtrale. En apparence. En creusant, je me suis aperçu que ma mère avait fait du théâtre et ne m'en avait jamais rien dit, que mon frère cadet avait fait du théâtre quand il était aux Beaux-Arts et qu'il n'en a pas dit énormément… Ce n'était pas l'objet autour de la table.
Je fais un parcours brillant dans une école primaire à Lorient, et j'arrive à Paris, dans un grand lycée, le lycée Lakanal, où je coule complètement. J'ai été muet pendant deux ans. Je me suis replié sur moi-même, dans mes fantasmes. Par contre je parlais un petit peu à mes copains. J'étais un bon spécialiste de la parole avec mes copains. Et puis est arrivé, même avec les copains, le bégaiement et l'arrêt complet, en troisième, seconde.
Une voisine orthophoniste dit alors à mon père : « Je pense qu'il faudrait faire quelque chose avec Gilles. » Elle diagnostique, entre autres « dys », une dyslexie. Elle m'apprend à parler. J'ai appris à lire avec elle.
Et puis il y a ce prof qui s'aperçoit que j'ai énormément de mémoire et que j'ai fait toute ma scolarité là-dessus. Il me demande de présenter à la classe un texte que j'aime bien. Je prends Jacques Brel, "Jeff". Après il

me dit : « Il faut aller un peu plus fort : Gérard de Nerval, "Le prince d'Aquitaine à la tour abolie." » Et à la fin, il annonce, au troisième trimestre : "Le bateau ivre", de Rimbaud ». 120 vers. Et j'ai eu mon premier prix.

Pour revenir à cette histoire du public, je prenais un pied pas possible à regarder mes copains réciter leur texte. En plus, les copains, prenaient un pied, je pense, à m'entendre. Parce que je faisais des disgressions, je faisais dans les hauteurs… Surtout sur « Le bateau ivre », parce que je l'avais tellement entendu… Là-dessus, je me régalais. J'étais un peu clown. Mais dans une famille où on ne pouvait pas être clown. C'était interdit.

Petit à petit, le prof me dit : « Le théâtre, il faut que vous y alliez. » Je suis rentré dans le club-théâtre du lycée où les affres ont commencé, parce qu'il fallait lire le texte devant les copains.

Je me suis rendu compte très tôt que la chose importante, c'est le public, c'est savoir pourquoi et comment on va jouer devant lui. Comment ce quatrième mur peut être totalement impossible à franchir pour certains comédiens, alors que pour moi ce quatrième mur, au contraire n'était pas possible, parce qu'il me renfermait encore dans le bégaiement, dans l'idée « Va jouer tout seul dans ta chambre ». Si je joue avec quelqu'un, je joue pleinement avec lui. Toute ma scolarité, j'étais le roi du rock'n'roll, le roi des fêtes à la maison. J'inventais des histoires, des énigmes…

En 71, je sors du service militaire. Je joue du théâtre avec des cheveux courts. Dans la compagnie de théâtre à Bourg-la-Reine, je me fade tous les rôles de dictateurs. Et je me dis : « Il faut que je fasse une école de théâtre. » Donc je rentre dans une école d'art dramatique et je tombe sur un gars qui voulait faire du clown. Ça tombait bien, moi aussi, donc on a fait du clown tous les deux. On a pris des cours. On a eu des mimes, on a eu Annie Fratellini… Mais on ne s'inscrit pas dans un atelier théâtre. Et puis il y a ce prof, André Cabanis, qui se dit : « Et si on faisait un centre de formation et d'expression aux métiers de recherches artistiques et du théâtre ? » La CEFART, ça s'appelait. À Bourg-la-Reine.

J'étais avec une danseuse, Francis était un clown, moi je débarquais là-dedans. J'étais plutôt dans tout ce qui était hybride... On s'est vraiment appris entre nous pour qu'on puisse créer des objets artistiques. Pendant deux ans, on se forme avec Francis à tout ce qui est artistique. Il y a eu les Colombaïoni[5], le mime Keller[6]... C'étaient pas des clowns « normaux ». On n'était pas avec les Bario[7], même si on les adorait. On a fait une expérience dans un cirque ; on s'est fait foutre à la porte parce qu'on n'était pas du sérail. L'expérience a été catastrophique.

On réalise qu'on ne peut pas vivre de notre art. On fait donc l'école française d'attachés de presse, d'un certain Denis Huismans. Ça ne marchait pas non plus. Mais j'ai fait mon stage chez Mnouchkine, Francis a fait un stage chez Barrault, on a connu Grotowski... C'est ce que j'appelle « Mille maîtres ». Tu ne te scléroses pas dans un seul point de vue. Tu n'épouses pas une seule façon d'aborder le théâtre, le métier de comédien. On faisait tout en même temps. J'étais mime à cette époque. Parce que j'étais bègue pendant longtemps, je m'exprimais par le corps. Je savais faire des borborygmes, jouer avec le corps, mais je ne savais pas parler.

On se dit, avec Francis : « On ne peut pas jouer nos sketches tout seuls. Il faut qu'on arrive à trouver une idée avec le public. » C'est le moment où on a rencontré Catherine Dasté. Elle nous fait prendre conscience qu'on peut jouer avec le public, sans ce qu'on avait comme référence nationale, c'est-à-dire Jacques Martin et son école des fans, où il ridiculisait les gamins, les familles. Et tous les clowns qui faisaient venir un spectateur sur la scène, c'était pour le ridiculiser, pas pour lui donner la parole. Donc on se dit qu'il faut qu'on sorte de ce schéma-là, qu'on arrive à ce que le public parle, qu'on joue avec lui. Il faut le regarder, l'écouter, être patient,

---

[5] Les Colombaioni sont une famille de clowns italiens. Deux d'entre eux, Carlo et Albert, sont devenus célèbres à travers le monde dès les années 70.
[6] Patrice Keller de Schleitheim, mime et formateur.
[7] Les Bario, célèbre famille de clowns. Le trio Nello, Freddy et Henny, a rencontré un vif succès avec l'émission de télévision « La Piste aux étoiles », dans les années 60 et 70.

bienveillant, exciter sa curiosité pour qu'il puisse amener le bon mot, le sien et non pas le tien… Et puis ça serait bien qu'on puisse l'applaudir, lui, et pas nous. On va faire des sketches où on applaudit le spectateur.
En 73, je commence à parler, je fais un spectacle avec du mime et de la parole, *Un clown sans emploi*… En même temps, je fais un camp de création théâtrale avec des adolescents. Je monte *Dom Juan* de Molière, première version, avec un prof de philo extraordinaire, Jean Tonnelier, clown chez Dullin. Je n'avais jamais fait un cours de philo. Je débarque là-dedans. Pour moi, *Dom Juan*, c'était une pièce de théâtre, ce n'était pas un cours de philo. Et il a été extraordinaire, ce prof de philo clown. Et il nous a permis vraiment de créer notre particularité, avec Francis.
Malheureusement, comme dans tous les couples, on divorce. Il faut bien bouffer, donc j'apprends encore un métier. Je rentre à Léo Lagrange comme animateur et directeur de Maison des Jeunes et de la Culture. Je sors de là, syndiqué, évidemment. Et je ne trouve pas de boulot parce que je suis syndiqué. Malgré tout j'ai un petit job d'animateur théâtre dans une équipe à Mantes-la-Jolie. Je me dis que je vais mettre de l'art graphique, de la musique, de la sérigraphie dans je ne sais pas quoi que j'appelle « Unité d'art théâtral ».
On était dans les années 77. Le bouquin de Boal[8] sort en France, on le dévore tous, et on se dit qu'on va faire notre premier stage avec lui.
Oui, comme toi, Isabelle, je suis dans le métissage. J'ai un besoin viscéral de jouer avec le public. J'ai fait du carnaval, du théâtre de foire, du théâtre de rue et de la commedia.
En 84-86, Boal met en place toutes ses formations et j'en intègre une à Paris. C'est là que je rencontre Lorette[9] et compagnie. Eux sont parisiens et structurent le mouvement. Moi, je suis à Saint-Étienne, avec Philipe Chéry, mon deuxième alter ego. On monte une compagnie de théâtre pour enfants, le Théâtre d'Ouverture Culturelle (le TOC). Dix ans de théâtre

---

[8] Augusto Boal est le fondateur du Théâtre de l'Opprimé et l'auteur du livre éponyme. Le théâtre-forum est une des modalités d'expression de ce théâtre.
[9] Lorette Cordrie, fondatrice du Théâtre de Jade, compagnie de théâtre-forum. Elle est décédée en février 2023.

de rue à Saint-Chamond, à Rive-de-Gier, Saint-Étienne, Lyon. Dans la parenté Boal, on est deux à avoir pris des distances : Philippe Dumoulin[10] que tu as rencontré quand on a fait les rencontres du théâtre-forum francophone en Belgique. Philippe est en Belgique, moi à Saint-Étienne, donc un peu loin de toute la faune parisienne.

Je me payais les stages de Boal, donc à un moment donné je me dis qu'il faut que je l'utilise. Je fais alors un travail vraiment avec le public : je fais des ateliers avec le public, je fais des créations avec le public, je fais huit carnavals à Saint-Chamond, j'entraîne les gens à faire des bandes… Bref, on était vraiment spécialisés, avec Philippe, de ce genre de trucs là. Lui était dans la technique et moi j'étais plutôt dans l'approche théâtrale. Donc on s'entendait bien.

Vient le moment où tout d'un coup Monique Bonnet[11], à Saint-Étienne, me dit : « J'ai envie de faire du théâtre à propos de l'accession des femmes en entreprises. Qu'est-ce que tu peux me proposer ? » Je lui dis : « Eh bien on va faire *Galères de femmes, tout reste à faire* . » C'est la première fois aussi que je fais une pièce de théâtre avec des entreprises. Dans mon parcours, il y a un moment clé : c'est ce moment où tout d'un coup on me propose une pièce de théâtre sur l'accession des femmes en entreprises, où je me retrouve avec un collectif d'écriture avec des gens qui ne sont pas du théâtre du tout, mais pas du tout, et je dois pondre une pièce de théâtre à partir de là.

En parallèle je monte une pièce de théâtre qui s'appelle *Un coin de désert* où je me mets seul en scène. Un spectacle pour enfants avec le quatrième mur. J'étais comédien, j'avais quinze ans d'expérience, putain ! Tout ce que je fais en animation, en théâtre-forum, en carnaval, je m'en vais le faire aussi sur la scène où je suis bien. Mais je pense qu'on agit par contraire, aussi. *Un coin de désert* a été une réflexion sur le fait qu'on ne peut pas jouer tout seul. On ne joue pas tout seul. Les one-man shows, ce n'est pas possible de les jouer tout seul. On joue « avec ».

---

[10] Philippe Dumoulin, directeur du théâtre du Public.
[11] Monique Bonnet, Chargée de mission au Ministère aux droits des femmes à la préfecture de Saint-Étienne en 1989.

Je monte un budget pour vingt représentations de *Galères de femmes* : 90 000 francs. C'était colossal pour l'époque. Pour un objet qui n'était pas théâtral. Je dis à Philippe : « Quand même, c'est con, il faut qu'on utilise ce théâtre à fond et puis qu'on s'augmente. » On était à cinq cents francs par mois. Et là, deuxième divorce : je pars et je laisse Philippe au TOC, parce qu'il refuse de s'augmenter, de partir dans une exploitation de la pièce, qu'on a jouée deux cents fois, quand même ! Je pense qu'il se voit comme un artiste maudit. Mais créer dans la douleur, ça ne veut pas dire « vivre dans la douleur » ! Moi je crée quelquefois dans la douleur. Créer demande des tripes, des maux de tête, des relations avec les conjoints un peu difficiles... Mais c'est pendant le moment de la création. Lui, il vit toute l'expérience dans la douleur. Et vivre dans la douleur, moi je ne pouvais plus. J'avais enfin trouvé un moyen de joindre l'utile à l'agréable, la création théâtrale à ce que j'aimais bien faire, c'est-à-dire jouer avec le public. Pourquoi m'en priver ?

Si on existe, c'est pour créer. Je monte TENFOR avec Nelly Bayle, la troisième alter ego, et des copains.

Mon parcours, c'était pouvoir sortir de ma chambre. Pouvoir tout à coup dire aux gens : « Voilà, je suis là. »

Naissance de TENFOR

Gilles : Les statuts sont déposés le 1er janvier 1990 alors que TENFOR existe depuis septembre 1989. Ça fait trente-trois ans, quand même ! L'âge du christ !
Je sais que je vais jouer soixante fois *Galères de femmes*, Léo Lagrange me propose soixante représentations pour *Fringale d'étoiles*... Et puis, il y a une deuxième formation joker avec Boal, et Yves Guerre[12], ce coup-ci.
On ne s'entend pas du tout, avec Yves, à l'époque. Pour moi le Joker était un personnage, pour lui un animateur.
Il y a une vraie différence entre lui et moi qui est due à sa parcours d'Éducation populaire et de théâtre amateur et moi à ma façon d'avoir fait et de l'animation et du théâtre, et de l'attaché de presse, et du clown. Tu explores tous les champs possibles et imaginables, quand même. Alors que lui explore uniquement la partie « collectivités territoriales. » Il installe son système Arc-en-ciel sur toute la France, il place des animateurs dans les villes... Il met en place des réseaux d'animateurs qui font du théâtre-forum avec les habitants. Et quand il a besoin de comédiens, il prend des comédiens animateurs. Ils les s'appelle « comédiens animateurs ».
Avec TENFOR on revient sur l'ADN, sur le théâtre, vraiment. À un moment donné, loin de Paris, à Lyon et à Saint-Étienne, je ne suis pas sous pression des querelles parisiennes. D'ailleurs elles cessent en 90. Les querelles font place à un non-dit.
Arrive l'année 2000, et ce qui extraordinaire, c'est qu'on enterre tous notre hache de guerre. Pourquoi ? Je ne sais pas. C'est dix ans. Arc-en-ciel a dix ans. TENFOR a dix ans. Dumoulin a dix ans...

Isabelle : Il fallait que vous ayez le temps d'explorer vos différentes manières de penser le théâtre-forum. En tout cas, à la lecture de la Charte

---

[12] Yves Guerre, créateur de Arc-en-ciel Théâtre, compagnie de théâtre-forum.

de la Coordination francophone de théâtre-forum et de tous les témoignages, il fallait absolument que les gens expérimentent.

Gilles : Il fallait qu'on ait une identité et une histoire.

Isabelle : Pour pouvoir vous interroger de manière mature sur « qu'est-ce que c'est pour moi le théâtre-forum ? », poser vraiment les conditions, échapper à toutes ces histoires familiales…

Gilles : Il fallait qu'on s'échappe de l'emprise de Boal.
À partir de 2000, on se retrouve à Amiens pour le premier colloque sur le théâtre-forum. On crée l'association des théâtres-forum francophones. En 2010 on arrête. Ça correspond aussi à l'évolution de TENFOR à Saint-Priest, avec beaucoup de projets de spectacles et d'ateliers théâtre-forum qui nous accaparent complètement.
En 2015, la région nous lâche. C'est la catastrophe financière, puis la catastrophe humaine, puisqu'on est obligé de licencier Philippe[13]. On avait licencié Leïla[14] avant. On était quatre permanents, parce que jusque-là, ça marchait.

---

[13] Philippe Occulto, directeur de la compagnie TENFOR.
[14] Leïla Chaource, alors administratrice et comédienne.

Le roi Lear

Gilles : En 1995, j'étais malade et je ne pouvais plus assumer *Galères de Femmes* et *Orientations Toutes*. Alors, Hélène[15] et Lili[16] ont pris le relais pour animer les quarante, soixante représentations qu'on faisait par an. Puis tu t'es jointe à elles pour les spectacles suivants. Même s'il y avait des hauts et des bas, c'était une véritable transmission, je crois. Vous avez vu comment j'opérais. Je ne voulais pas aller vous voir parce que je ne voulais pas vous critiquer. Je vous faisais confiance. Vous avez d'ailleurs totalement respecté le cahier des charges, à en croire vos analyses jour par jour que j'ai toujours. C'était des compte-rendu fantastiques ! Et je m'étais dit que cette façon de faire pourrait en 2010, 2012, être intéressante pour que je puisse passer le relais un de ces quatre.
Et là je me suis enferré dans ce qui était l'obsession de la transmission. Qu'est-ce que tu transmets et qui es-tu lorsque tu transmets ? À quelle place tu es quand tu transmets ? Qu'est-ce que tu vas faire pour que la transmission se fasse ? Il y a toutes les étapes. Qui es-tu ? J'ai un savoir-faire. Je sais faire, donc je peux donner les clés. Est-ce qu'on donne les clés en théorisant ou est-ce qu'on donne les clés simplement lorsque l'élève voit ? Moi, je suis issue de la voyance. *Il rit.* Je me dis que je ne vais pas théoriser parce que je ne suis pas très fort là-dessus. Par contre, je peux aider quelqu'un qui voit.
Ça n'a pas marché.
Alors je me suis dit que je pouvais faire une transmission élaborée. Une compagnie avec des gens associés. Ça, c'était en 2002. On crée une SARL qui a marché pendant dix ans, jusqu'en janvier 2012. Les comédiens sont associés, ils payent leurs cotisations, ils ont voix au chapitre… mais ce n'était pas la transmission, encore, ça. Parce qu'ils étaient comédiens, c'est tout.

Isabelle : Ils étaient aussi associés !

---

[15] Hélène Grange, comédienne et chanteuse.
[16] Lili Barbier, comédienne.

Gilles : Mais avec un éventail du terme « associés » énorme. Tous mes associés avaient un champ d'interventions qui allaient de + 10 à 0. Même -5. J'ai même eu des associés qui ont mis des bâtons dans les roues. Mais au moins c'était des associés. Et puis en 2012, à un moment donné, je cherche des moyens de transmettre. Je me suis dit : « On ne va pas transmettre aux comédiens, on va transmettre à des permanents qui vont structurer la maison pour embaucher les comédiens. » J'explique ça à mon équipe. Et c'est à ce moment-là que vous avez dit non. Je ne sais pas si tu y étais.

Isabelle : En quelle année, tu dis ?

Gilles : 2015, 2016.

Isabelle : Je n'étais plus là ! J'ai eu un trou de dix ans. Tu ne faisais plus appel à moi. Je suis partie aux alentours de 2010, quand j'ai commencé à créer la BOATE. Jusqu'en 2019. Tu m'as demandé de venir pour les quarante ans de Léo Lagrange.

Gilles : Ah oui ! ... Donc je leur propose le canevas. Je leur dis que je me ferai remplacer par une personne qui était plutôt de l'ordre de l'organisation. Pas du domaine artistique. Charge à elle d'employer des artistes pour l'écriture, etc. Et là les comédiens me disent non. Fin de non-recevoir. « On veut pas de ça. » Ça a été un clash complet, en Juin 2016. Une fin de non-recevoir de tout le travail qu'on avait fait avec Georges[17] et la personne en question. Ulcéré, je leur dis : « Puisque c'est ça, je ne vous donnerai jamais TENFOR ! Il faudra que vous me l'arrachiez ! Je ne fais plus de plan de transmission. Je la garde, cette compagnie ! »
En fait, je ne la garderai pas. Mais ce moment d'humeur, en 2017, a été le moment déclic où ils ont pris en main la compagnie avec Georges. Ils ont organisé une direction en triumvirat, deux comédiennes[18] et Philippe. Cette manière de diriger n'était pas facile. J'ai dit à Georges : « Il faut

---

[17] Georges Sothier, administrateur de TENFOR jusqu'en 2020.
[18] Pauline Thireau et Adeline Benamara, comédiennes.

absolument que Philippe prenne les rênes, parce que là ça part dans le mur. »

Isabelle : Le souci, c'est que le triumvirat ne reposait pas sur une expérience…

Gilles : … une culture.

Isabelle : Pour reprendre, fabriquer une culture, il fallait qu'ils fassent ce que vous avez fait avec Yves Guerre, etc. Il fallait partir, interroger, faire ce qu'ils n'ont pas fait. Ils ont repris le patrimoine que tu leur as donné et ils ne l'ont pas interrogé du tout.
Quand je suis revenue à TENFOR en 2020, je me suis rendu compte que certains d'entre eux ne savaient pas vraiment ce qu'était que le théâtre-forum. Ils se reposaient sur les expériences antérieures. Ce n'était d'ailleurs pas une si mauvaise idée, de vouloir partir sur ce qui marche et ce qui ne marche pas. Mais pourquoi ça marche, pourquoi ça ne marche pas, ils ne l'ont pas interrogé. Et ça, c'est problématique. Si tu veux diriger à trois, il faut avoir une base commune. Il faut au moins qu'il y ait un principe commun, une charte commune.

Gilles : Interroger le théâtre-forum, ça me parait important, indispensable. Tout le temps. « La reproduction, c'est la mort », comme disait Beckett.

Isabelle : C'est encore plus important si tu veux te démarquer, montrer l'identité de ta compagnie. Yves Guerre avait une manière de faire du théâtre-forum, toi tu avais la tienne.

Gilles : S'interroger sur ce qu'est le théâtre-forum, c'est déboulonner, c'est décortiquer l'histoire.

Isabelle : Philippe et moi, on a fait récemment un gros travail d'archivage. Il fallait que l'on puisse avoir une vision… Parce que les nouveaux venus ne connaissaient pas l'histoire de TENFOR.

Gilles : Ils étaient persuadés de savoir l'histoire, puisqu'ils l'avaient vécue. Mais vivre et analyser, c'est pas la même chose.

Isabelle : C'est ça. Ils sont dans l'opérationnel. Je ne minimise pas la part importante du pragmatisme. Il faut bien bouffer ! Mais il faut avoir ce recul de la formalisation, de l'interrogation.

Gilles : Ça ne se fait pas tout de suite, la démarche artistique. Signer, c'est un acte personnel. Ça ne peut pas bien fonctionner à trois. Tu ne peux pas signer quelque chose à trois personnes, surtout quand les personnes ne s'entendent pas, n'ont pas la même histoire, le même vécu… Je pense qu'à un moment donné il a manqué un véritable travail de médiation, à terme, pour qu'ils puissent se dire : « Qui on est ? Qu'est-ce qu'on va faire ? » Ils ont pris peut-être le train en route.
Mais bon, ce qui est intéressant, c'est que ça fonctionne toujours. Ça fonctionne différemment ; c'est bien aussi. Ça vient aussi du fait que je leur ai dit qu'il fallait qu'il me l'arrache.

Isabelle : Il fallait tuer le père. En fait tu t'es transformé en roi Lear : tu as partagé le royaume en trois.

Gilles : Quand tu es dans un acte de transmission, tu aimes les gens à qui tu veux donner cette transmission. J'ai fait tellement de stages où j'ai transmis le savoir du théâtre-forum … J'ai des copains qui m'ont dit : « Grâce à toi, je suis là. » Ça, c'est bien. En fait j'aurais dû faire la transmission de la compagnie comme j'avais fait la transmission dans mes stages, c'est-à-dire en alliant théorie, pratique et expérience en public. C'est ça qui a manqué. En théâtre-forum je pense qu'il y a ces trois actes. Quand tu veux faire du théâtre-forum, il y a cette envie d'interroger la pratique, tout le temps. C'est ce que je mets sous le terme « théorie ». C'est l'interrogation de la pratique : « À quoi ça sert ? Qu'est-ce que ça veut dire ? Pourquoi je suis là ? » C'est ce que je retrouve ici, avec la compagnie Cavales[19], à Nantes. Ils me disent à chaque fois :

---

[19] Compagnie Cavales, créée par Raphaël Magnin.

« Pourquoi tu nous demandes de faire ça ? À quoi ça sert ? ». Je pense que cette transmission, elle a besoin de ça : une partie théorie, une partie pratico-pratique où on malaxe l'outil, et puis une partie exposition. Il faut exposer. Il faut s'exposer. Et quand on s'expose on prend des risques. C'est sûr. On prend le risque de se faire voir, comme on dit.

En conclusion, mon parcours, c'est un peu tous ces méandres, mais des méandres qui sont somme toute très cohérents. C'est-à-dire qu'à un moment donné, tu te dis : « Oh, la, la, j'ai fait trente-six choses à la fois ! » Ben non. Je n'ai fait qu'une seule chose : être au service du public et me dire toujours : « Tu joues pour qui ? Tu joues pourquoi ? » Tu t'interroges parce que tu as soixante-quinze ans bientôt, donc à un moment donné il va falloir que tu parles de la vieillesse, mais aussi de la jeunesse, de la naissance… Pourquoi pas ? On peut parler de tout à n'importe quel âge !

Dictionnaire poétique du théâtre-forum de Gilles Fichez

À l'instar de Yves Guerre, et comme moi aujourd'hui, Gilles a voulu rédiger un ouvrage sur son expérience et en tirer de premiers enseignements, pour lui-même et pour la compagnie TENFOR. Cette œuvre qu'il qualifie lui-même d'inachevée, inaboutie, en cours, il en a écrit un bon morceau en 2017, mais je ne la découvre qu'au moment de nos entretiens à Nantes.

Ce dictionnaire peut se lire de manière anarchique. Ce n'est pas une analyse sociologique ou ethnologique. C'est un objet qui n'est pas scientifique. C'est la somme de constatations glanées sur le terrain. Comme moi dans mon premier ouvrage sur l'animation de l'atelier théâtre *Contribution d'une ouvrière du théâtre au bonheur du monde*[20], Gilles se qualifie d'OS[21] du spectacle. L'outil ne lui fait pas peur. Mais cet outil, il en parle de manière poétique, c'est-à-dire en laissant parler sa subjectivité. Et voir dans le théâtre-forum ce qu'il y a d'élevé, de touchant, de beau, de créatif, c'est en quelque sorte en faire un objet poétique, artistique.

Je propose à Gilles d'axer la suite de nos conversations en grande partie sur cet ouvrage. Je n'aurai pas le temps de le lire en entier pendant mon séjour à Nantes, mais en le parcourant je choisis de souligner les interrogations que je me pose moi-même. Gilles accepte de discuter là-dessus et propose malicieusement d'ajouter les points sur lesquels il est sûr de ne pas être d'accord avec moi. Il veut également évoquer les éléments de sa pratique qui n'ont pas été abandonnés mais qui ont évolué. Ensemble, nous allons dire notre expérience, nos pensées et nos désirs de voir croître et multiplier le théâtre-forum, à nos collègues, commanditaires, partenaires, et à la jeune génération.

---

[20] Paru en 2012 chez l'Harmattan.
[21] OS : Ouvrier spécialisé.

VENEZ DIRE À VOS COLLÈGUES COMÉDIENS...

... ce qu'est le théâtre-forum

Ouvert à toutes et tous, ce chapitre s'adresse cependant particulièrement à vous, collègues en théâtre-forum.

Nous avons en effet constaté, avec un peu d'étonnement pour Gilles, d'agacement pour moi, que certain.e.s d'entre vous soit pouvaient être ignorant.e.s, soit posséder de grosses lacunes dans leur connaissance, non seulement théorique mais aussi expérientielle, du théâtre-forum.

J'ai donc relu les écrits de Boal, en ai tiré les extraits importants pour la pratique du théâtre-forum et les ai complétés par les réflexions de Gilles et les miennes.

J'espère que ces petits rappels vous permettront, théâtreforumiens et théâtreforumiennes, de TENFOR et d'ailleurs, de voir plus clair dans votre pratique.

Les origines

Un peu d'histoire

Le théâtre-forum est une méthode de théâtre interactif mise au point à partir des années 1960 par l'homme de théâtre brésilien Augusto Boal, dans les favelas de São Paulo. C'est une des formes du « Théâtre de l'Opprimé ».

Dans l'avant-propos de la première édition de son livre *Théâtre de l'Opprimé*, en France, en 1975, Boal proclame : « J'ai voulu, avec ce livre, montrer que le théâtre dans son intégralité est nécessairement politique, parce que toutes les activités de l'homme sont politiques et que le théâtre en est une. »

Le Théâtre de l'Opprimé a été conceptualisé par Boal comme étant un théâtre qui « est fait par le peuple et pour le peuple ». Mais dans la préface à l'édition réactualisée de son livre en 2003[22], il élargit son propos initial en disant que l'objectif du Théâtre de l'Opprimé est de favoriser « le rétablissement du dialogue entre les êtres humains, car nous savons que toutes les relations sociales entre pays, classes, ethnies, genres etc. se schématise très souvent en monologues où l'un des tenants de la relation commande, parle, impose, tandis que l'autre est réduit au silence ». Il conclut : « Le Théâtre de l'Opprimé est une méthode théâtrale parfaitement normale, comme celle de Constantin Stanislavski, de Berthold Brecht et de bien d'autres. »

Mais qu'il s'agisse des années 70 ou des années 2 000, il est toujours question pour le Théâtre de l'Opprimé de dénoncer et de mettre en scène des situations d'injustice, pour aider les personnes ou

---

[22] *Jeux pour acteurs et non acteurs, Pratique du Théâtre de l'Opprimé*, édition actualisée, éd. La Découverte.

communautés qui en sont victimes à reprendre leur destinée en main. Le théâtre-forum est une des modalités du Théâtre de l'Opprimé de la lutte contre les oppressions.

Modalités d'action du théâtre-forum

Des comédiens - historiquement non professionnels, puis professionnels porte-paroles des opprimé.e.s - mettent en scène une situation d'oppression ou de tension problématique en lien avec la réalité sociale, économique, sanitaire. Ils vont ensuite la jouer face à la communauté à qui est destiné le propos. À la fin de la scène - dont la conclusion est en général catastrophique -, le meneur de jeu appelé Joker assiste le public dans un échange au cours duquel celui-ci construit collectivement sa représentation de ce qu'il a vu. Le Joker incite alors le public à envisager des alternatives à la scène et convie les membres du public à remplacer un acteur pour expérimenter quelque chose qui infléchirait le cours des événements.

Le dispositif du théâtre-forum encourage donc les spectateurs à intervenir pour modifier l'action dramatique en imaginant et en testant d'« autres possibles ». En cela, « le spectateur » se transforme en « Spect-acteur » et mobilise concrètement son pouvoir d'agir pour modifier le cours des choses dont il a d'abord été témoin.

Différentes formes de théâtre-forum

Pour Boal, il existe trois formes de théâtre-forum :

La première répète une action politique qui doit être mise en place prochainement. Dans ce cas, le forum est une répétition pour la réalité. Ce sont les opprimés eux-mêmes, comédiens amateurs, qui se mettent en scène. Cette forme, courante dans les années 70, est à présent peu répandue.

La deuxième est celle qui est à l'heure actuelle, dans les années 2020, la plus pratiquée, notamment par TENFOR, Gilles et moi-même. C'est ce que Boal nomme un « forum préventif ». Le changement espéré « ne sera pas nécessairement le lendemain et il n'y a pas de date arrêtée, mais c'est quelque chose qui peut survenir dans le futur ; par exemple, dans la majorité des pays, l'agression sexuelle contre les femmes, dans les transports publics, les bars, etc. » La majeure partie du temps, ce sont des professionnels qui créent les spectacles à partir de témoignages. Ce peut être aussi des comédiens amateurs qui subissent une oppression et qui, après avoir déposé leurs témoignages, en feront un spectacle et iront jusqu'à la représentation, accompagnés par un.e professionnel.le qui sera le Joker le jour du spectacle.

Boal qualifie la troisième forme de théâtre-forum de « réflexive », « comme lorsqu'hommes et femmes, professeurs et élèves, pères et fils etc. s'unissent pour analyser, réfléchir sur leurs relations respectives. » Elle est utilisée en général, à TENFOR comme dans la BOATE, comme un outil d'analyse de la pratique professionnelle ou des relations interpersonnelles. Cet outil est proposé à divers types de structures : associations, milieu scolaire, entreprises... Ce sont les membres du groupe qui imaginent les scènes et en débattent, accompagnés par un.e comédien.ne professionnel.le. Dans ce cas, il n'y a pas forcément de représentation mais des présentations à l'interne de différentes situations d'oppression. **C'est la forme que nous utilisons pour ce que nous appelons « Les ateliers de théâtre-forum ».**

La dramaturgie du théâtre-forum

Le théâtre-forum repose sur un noyau conflictuel. Pour Boal « il faut structurer la scène embryonnaire conflictuelle d'une forme théâtrale ».
La scène initiale qui est présentée au début de la représentation de théâtre-forum est appelée « modèle ». Pour Boal, le modèle dans le théâtre-forum est avant tout une scène de théâtre. « La scène doit être la meilleure et la

plus belle possible, et pas n'importe quelle scène faite de n'importe quelle manière. »

Le théâtre-forum, c'est déjà du théâtre !

Pour Gilles et moi, la théâtralité du théâtre-forum est un point fondamental. Mais ce n'est pas le cas de toutes les compagnies. Au début des années 2 000, pendant les rencontres des troupes de théâtre francophone, celles-ci n'avaient pas là-dessus le même point de vue ; pour certaines, dont l'Arc en Ciel de Yves Guerre, la théâtralité était accessoire, voire préjudiciable au bon déroulement du forum. Mais la théâtralisation est importante pour Gilles et moi parce que nous partons du principe que le spectateur, avant d'intervenir sur le plateau, doit d'abord regarder. Il doit être ému par la situation. Il doit être spectateur avant d'être acteur. S'il n'est pas spectateur, si on le met tout de suite dans le bain de l'action, comment va-t-il pouvoir agir ?

Boal lui-même insiste sur le caractère obligatoire des éléments de théâtralité :

Les personnages

La théâtralité est marquée par des personnages bien caractérisés, dont la fonction est lue rapidement par le public grâce à des indications scéniques fortes et des conventions vite reconnues par lui. On trouve ainsi :

Un.e opprimé.e, que Boal appelle également « protagoniste » « qui, dans son droit, désire quelque chose intensément, mais ne sait pas comment l'obtenir. » La motivation de l'opprimé.e doit être bien claire, l'opprimé.e doit être suffisamment motivé.e et battant.e pour que les spectateurs soient incités, par empathie, à le ou la remplacer sur scène.
Cependant, même s'il est évident que l'opprimé.e est actif ou active, il doit y avoir dans la dramaturgie des signes qui montrent que cette volonté n'est pas efficiente. Il ou elle ne sait pas comment combattre l'oppression. Les mots, les arguments lui manquent. Ce sont les spectateurs, lorsqu'ils le ou la remplaceront sur scène, qui les fourniront. Cette difficulté à trouver des solutions est traduite scénaristiquement par des points de

suspension, des phrases inachevées, des questions qui traduisent l'hésitation : « Tu crois ? » et, surtout, par la décision finale de lâcher-prise de la part de l'opprimé.e qui n'arrive pas à lutter contre l'oppression.

Un oppresseur, ou une oppresseuse, que Boal appelle « l'antagoniste ». Comme il le souligne, « ce doit être une personne réelle et concrète, contre laquelle on ira théâtralement lutter. Il ne peut pas s'agir d'une institution abstraite comme une religion, la société, le système éducationnel etc. - mais de quelqu'un qui, comme être humain vivant sur terre, représente ces abstractions. »
Cette précision de Boal n'est pas superflue, surtout dans le cas de forums dits « préventifs », où certaines compagnies, par militantisme, veulent mettre en exergue - et donc en scène – des oppressions générales : lutte contre le patriarcat, le capitalisme... et ont ensuite un mal de chien à les concrétiser sur scène.
L'oppresseur ou oppresseuse peut être caractérisé.e de différentes manières selon la gradation ou la nature de l'oppression. Cassant.e ou caressant.e, selon qu'il ou elle veuille du mal ou du bien à l'opprimé.e. Et dieu sait que l'oppression la plus difficile à contrer est bien souvent celle de gens qui nous aiment ! Les oppresseurs et oppresseuses ont donc un panel de manifestations émotives très variées : ordres froids, pleurs, colère, humour cynique...
Scénaristiquement, l'oppresseur ou oppresseuse est souvent celui ou celle qui parle le plus dans la scène modèle. Cependant, il ou elle ne doit pas y développer trop sa pensée, afin de pouvoir le faire au moment où un membre du public monte improviser – on dit « jouter » - avec lui sur scène.

Un témoin qui peut devenir allié.e : Boal ne parle pas, ou peu, de ce personnage qui occupe pourtant dans de nombreux spectacles de théâtre-forum actuels, notamment ceux que TENFOR et moi-même mettons en scène, une place importante. Il peut se révéler en effet très utile dans une situation d'oppression, voire indispensable, de pouvoir

identifier les aides possibles, que l'opprimé.e ne voit pas ou ne convoque pas dans la scène modèle.
Ce personnage témoin peut être décliné de trois manières :
- Dans la scène modèle, on montre qu'il pourrait être aidant, une fois repéré par l'opprimé.e. On parle alors d'un **allié objectif**.
- Dans la scène modèle, on montre qu'il n'a pas l'intention d'agir pour aider l'opprimé.e. Il n'est alors **qu'un simple témoin, voire un allié possible du personnage oppresseur**.
- Dans la scène modèle, on montre qu'il pourrait être aidant, mais qu'il utilise des arguments de l'oppression. **On parle alors d'allié subjectif**. Ce personnage peut, au moment des improvisations du public, être convaincu de se mettre du côté de l'opprimé.e et devenir un allié objectif.

Scénaristiquement, le témoin parle peu, et même pas du tout, sauf lorsqu'il est en situation d'allié subjectif. Dans ce cas il reprend les arguments de l'oppresseur.

Pour Gilles et moi, ce qui découle du caractère obligatoire de la théâtralisation, c'est l'importance d'avoir des comédiens professionnels pour interpréter des personnages. Des centaines d'expériences nous ont prouvé que plus le comédien, la comédienne, a été rompu.e à divers arts de la scène, plus il ou elle dispose de ressorts pour incarner un personnage clair et porteur de signes qui inciteront les spectateurs à venir les confronter sur le plateau.

Malgré tout, il peut arriver, surtout en atelier théâtre-forum, que les comédiens soient des amateurs. Dans ce cas il sera très important de les former au mieux afin qu'ils s'approchent au plus près des professionnels. La théâtralisation pose la question du recrutement des comédiens, mais elle pose aussi la question du temps de travail et de l'importance que l'on accorde au texte, lequel doit être su à la virgule près. Gilles et moi sommes d'accord sur ce principe - même si hélas la précarité de notre métier et l'urgence de certaines commandes le mettent à mal – que la plus grande rigueur doit être apportée à l'apprentissage du texte. Ce n'est pas le moment dans la construction ou la représentation du modèle d'improviser. Au contraire : la situation doit être claire et précise.

Une situation théâtralisée

Boal explique qu' « il ne faut pas aller directement à la crise où le spect-acteur est invité à remplacer le protagoniste et à essayer de trouver les solutions et alternatives aux problèmes présentés. » Comme pour n'importe quel scénario ou pièce de théâtre, il est nécessaire de poser auparavant le contexte de l'oppression, afin que les spectateurs disposent de leviers précis, factuels, pour la combattre.

Ces leviers seront montrés non seulement dans le traitement du temps à l'intérieur de la scène, mais aussi à travers la théâtralité de l'espace scénique, avec le décor, les accessoires, et même la bande son (à laquelle Boal préfère d'ailleurs la théâtralité plus importante du groupe de musiciens !).

Pour des raisons financières, les compagnies de théâtre-forum peuvent être obligées de limiter ces signes de théâtralité à ce qu'elles considéreront comme essentielles : rideaux de fond de scène, accessoires en nombre minimum, costumes. S'il est à mon sens dommage de se priver de son et d'éclairage, l'important est d'avoir à l'esprit que la théâtralité est fondamentale à une bonne séance de théâtre-forum, quels que soient les choix de mise-en-scène, qu'ils soient minimalistes ou contraints.

Le théâtre-forum, c'est aussi... du forum

Le comédien de théâtre-forum

Humilité du comédien, de la comédienne forum

Garants de la théâtralité du théâtre-forum, les comédien.ne.s qui le jouent doivent posséder les compétences de formes théâtrales classiques. Gilles et moi pensons qu'il est également important de travailler le plus possible avec des comédiens et comédiennes professionnel.le.s, aguerri.e.s à toutes les nuances de l'improvisation. Cependant il est assez courant de constater que ces comédiens et comédiennes rencontrent dans l'aspect forum des difficultés que connaissent moins leurs collègues amateurs.
Parfois c'est au niveau de l'improvisation que certain.e.s peinent. Mais c'est un cas de figure rare à TENFOR. En général les acteurices qui ont du mal à improviser sont moins attiré.e.s par la compagnie ou même le théâtre-forum.
En fait, les comédiens dits « classiques » qui viennent régulièrement enrichir les équipes sont, comme Gilles et moi, hybrides. Ils ou elles naviguent entre Tchékhov, Brecht, la rue, le clown et le cirque. Ils connaissent déjà, donc, toutes sortes de techniques d'improvisation.
Le gros des difficultés est plutôt basé sur le narcissisme inhérent – et parfaitement normal - des artistes de la scène. Une raison importante qui nous fait choisir cette profession est en effet le plaisir de briller aux feux de la rampe. Or le spectacle forum n'est pas l'endroit où notre jeu, pourtant précis et exigeant, sera le plus mis en valeur.
Ainsi, les personnages de l'opprimé.e et des allié.e.s sont terriblement effacés. Peu de tirades, peu de possibilités de montrer ses aptitudes corporelles... L'opprimé.e improvise très peu, puisqu'il ou elle est appelé.e à être remplacé.e par un membre du public. L'allié.e joue souvent à la plante verte, si tel est le désir des spectateurs qui ne voient pas l'intérêt de faire appel à lui ou à elle.

Le comédien oppresseur ou la comédienne oppresseuse semble avoir le meilleur rôle pour ce qui est de marquer public et commanditaires. Son texte est plus conséquent, il joute avec les spectateurs... Bien souvent, contrairement aux autres personnages, on parle de lui ou d'elle après la représentation : « Il est drôlement bon ce comédien ; elle est vachement forte, cette comédienne. »
Mais ce petit baume narcissique peut être un piège pour ceux et celles qui le recherchent et qui, ce faisant, peuvent oublier leur fonction principale en tant que comédien.ne.s de forum.
Boal rappelle en effet que « le théâtre-forum détermine un style d'interprétation différent que dans le théâtre classique. Dans certains pays d'Afrique, on considère qu'un chanteur est bon quand il est capable d'entraîner la plus grande foule possible à chanter. C'est ce qui se doit se passer avec un bon acteur de théâtre-forum. Dans son interprétation, il ne doit pas y avoir la moindre trace de ce narcissisme que l'on retrouve tant de fois dans le spectacle fermé. »
En effet, celui qui est mis en valeur dans la représentation de théâtre-forum, ce n'est pas l'acteur, c'est le public ! C'est celui-ci qui donnera son sens à la séance en inventant, en réécrivant l'histoire !
Par conséquent, pendant la partie forum proprement dite, Boal dit que l'acteur – et il s'agit ici surtout du personnage oppresseur - doit être extrêmement dialectique. Quand il prend le contre-pied d'un spectateur-protagoniste qui veut rompre l'oppression, il doit faire preuve d'adaptation. Soit le spectateur arrive facilement à argumenter : dans ce cas, l'acteur doit lui opposer les difficultés qu'il y a à vouloir briser l'oppression. Soit le spectateur éprouve des difficultés à développer ses arguments : le comédien, la comédienne, doit alors se mettre sur un mode plus interrogatif, et, ce faisant, l'encourager. Il ou elle ne doit pas se lancer dans un long monologue qui laissera le spectateur, la spectatrice, seul.e et désemparé.e.
Pour Boal, « si l'acteur est trop dur, il peut décourager le spectateur ou, ce qui est pire, lui faire peur. S'il se montre trop doux et vulnérable, sans

gestes ni arguments, il peut l'induire en erreur en lui laissant croire que le problème posé par la pièce est plus facile à résoudre qu'on ne le croit. » C'est la même chose pour le personnage allié, ou pour l'opprimé s'il se retrouve sur le plateau avec un spectateur venu l'aider. La tentation peut être forte pour le comédien ou la comédienne de partir dans une longue tirade qui fera l'analyse de la situation, en lieu et place du spectateur, rendu du coup, lui, au rôle de la plante verte. Il ou elle doit au contraire se montrer également stratège, accompagner le spectateur dans son expression, le relancer, l'encourager.

En conclusion, Boal répète que l'acteur doit être à l'écoute et vraiment dialoguer avec le spectateur ou la spectatrice. Il est fondamentalement à son service.

Des comédien.ne.s proches de l'âge du rôle

J'ai incarné les oppresseuses teen-ager jusqu'à… quarante-deux ans. À TENFOR, la compagnie avançant en âge, on trouve encore souvent ce cas de figure. Bien sûr, le public n'est pas dupe et accepte la convention… jusqu'à un certain point. J'ai été témoin ces derniers temps d'une difficulté des spectateurs et spectatrices les plus jeunes à jouter avec leur soi-disant copain ou copine du même âge, qui a plutôt l'air de leur père ou de leur mère, voire d'un grand-parent. Le vouvoiement s'installe alors malgré les efforts des comédiens d'installer la discussion sur un mode intimiste. Quant aux postures corporelles, la proximité physique… On sent une gêne importante, et légitime, de la part des jeunes devant ce qui est vécu comme une intrusion dans leur bulle d'un daron ou d'une daronne. Je dois donc dire à regret ce qui peut paraître une forme de discrimination à l'âge : les comédien.ne.s ne doivent pas avoir un écart d'âge trop important avec le rôle qu'ils ou elles incarnent.

Par conséquent, il faut régulièrement renouveler les équipes. Ce renouvellement permet aussi de construire des scènes avec un lexique approprié. J'ai en effet pu constater qu'avec le temps, quand j'écris des spectacles de théâtre-forum qui mettent en scène des jeunes, j'ai tendance à utiliser des termes désuets. Il est donc important de rajeunir les textes et également d'avoir un regard neuf sur la situation. Les jeunes comédien.ne.s, avec beaucoup de candeur, vont en effet poser des questions fondamentales sur la situation à exposer et sur le théâtre-forum.

Le comédien du théâtre-forum selon Gilles et moi

Gilles : Je crois que c'est important d'arriver à ce que les comédiens s'interrogent sur « pourquoi je joue ? », « pourquoi je passe ma vie à mentir, à faire du théâtre ? », « quelle est mon ambition là-dedans ? ». Donc on peut analyser pourquoi jouer du théâtre uniquement, puis pourquoi faire du théâtre-forum.

J'ai eu une comédienne qui me disait : « À quoi ça sert de convaincre l'autre ? De produire absolument des idées nouvelles ? Pour moi, l'idée, simplement, c'est de permettre l'émergence l'idées. » Et elle refusait de faire un oppresseur, parce qu'elle pensait que le spectateur avait simplement besoin de calme, de confiance, de sérénité, pour amener son idée, et qu'elle ne voyait pas l'intérêt de proposer un drame, un affrontement, une confrontation, une controverse pour amener ce débat. Que c'était même dangereux, parce que ça mettait dans l'air, dans les esprits des spectateurs, des idées quelquefois fascistes, dictatoriales, des idées qu'elle combattait elle-même dans sa propre vie. Nous avons eu un échange très, très violent et qui faisait qu'elle disait :

« Mais je ne veux pas être "contre".
- Alors, qu'est-ce que tu veux faire ?
- L'alliée. »

Et c'était pareil, elle voulait un allié qui n'accompagne pas la personne mais qui simplement soit présent. Je l'ai interrogée : « Dans ces conditions-là, qu'est-ce que le comédien d'un théâtre-forum ? Une plante verte ? Un élément déclencheur ? »

Elle n'était pas contre le modèle. Elle était d'accord pour qu'il y ait une fiction. Mais dans le forum il ne fallait pas heurter les gens. Il ne fallait pas aller dans leur contre-sens. Pourquoi prendre du plaisir à aller dans leur contre-sens ? Pourquoi être un oppresseur ? Et puis au bout de deux jours elle a commencé à varier, quand même, en me disant :

« Ah, je vois l'intérêt d'amener les spectateurs à parler. Comment on fait pour faire parler un spectateur ? »
Elle a commencé à dire que peut-être le forum pourrait être un moment de débat entre des gens dans la salle. À partir de là, est arrivé comment le meneur de jeu, comment le comédien amène le spectateur à être sur scène. Et comment on déclenche une envie chez les spectateurs de jouer, ou de jouter. Comment on arrive à ce que, petit à petit, le comédien, avec ses capacités, amène le spectateur à jouer avec lui, sans le casser, sans le blesser, sans l'humilier, dans un rapport fraternel, de sympathie, d'empathie - mais pas d'empathie sympathique, d'empathie cognitive « Je te reconnais » - à essayer ensemble d'élaborer une idée nouvelle, une utopie, qui normalement n'existe pas, ou qui a existé mais de manière minoritaire. Ce comédien a une charge énorme. Je me suis aperçu de ça. De temps en temps, je me dis : « Comment cette charge peut être sur les épaules d'un comédien ? »
Il arrive aussi que ce comédien de théâtre-forum ait la trouille. Ce n'est en effet pas ordinaire de rencontrer quelqu'un dans un laps de temps très court, de faire un bout de chemin avec lui, et de se quitter. Avec un passé où quelquefois les affects ont été en jeu. Donc je comprends qu'un comédien de théâtre habituel ait peur. J'ai eu des comédiens qui retournaient se planquer dans les coulisses. J'en connais plein. Par exemple, celui qui a fait vingt représentations à TENFOR d'un spectacle avec la trouille au ventre tous les matins. Il ne dormait pas. Et puis avec un peu de dédain par rapport à cette forme un peu hybride de théâtre. Lui, il voulait monter sa compagnie, il voulait être directeur d'un CDN. C'était son grand rêve. Il fait un bout de chemin avec nous. Et au bout de vingt séances, voyant que ça le mettait dans un état de panique énorme... Pourtant il n'était pas si mauvais que ça.

Isabelle : Mais il appréhendait trop.

Gilles : Donc j'embauche un autre comédien à sa place. Il fait vingt représentations, lui aussi, et tout d'un coup j'ai un coup de téléphone de ce premier comédien. Est-ce que c'est parce qu'il n'avait pas de boulot ?

Ou est-ce qu'il avait réfléchi ? Je ne sais pas. Il m'appelait, quoi. Après avoir bavé sur le théâtre-forum, sur la compagnie, sur les comédiens... Je lui ai demandé s'il avait moins peur. En fait j'ai su après que ce n'était pas seulement une histoire de peur. C'était une histoire d'égo. Il n'était pas assez applaudi. Il n'était pas assez reconnu par rapport aux autres comédiens. Et puis il ne se faisait pas confiance. C'est drôle ces comédiens qui tout un coup ne font pas confiance en leurs capacités de jeu. « Jeu », « Je ».

Isabelle : Est-ce que ce comédien connaissait l'improvisation, ou pas ? Est-ce qu'il avait peur de l'improvisation parce qu'il n'en avait pas l'habitude, étant comédien classique ?

Gilles : Il a eu tous les grands maîtres de l'improvisation.

Isabelle : Donc ce n'était pas l'improvisation en soi.

Gilles : Non. Par contre il connaissait l'improvisation débridée, c'est à dire l'improvisation qu'on apprend dans les ligues d'improvisation : l'imagination primordiale, la recherche du bon mot, du rebond, le fait de marquer des points... Marquer des points, c'est à dire être reconnu. Je sais qu'avec d'autres comédiens on s'est vraiment écharpé sur le rôle du comédien « au service de ». Je suis « au service de ». Mais de qui ? Et là j'étais un petit peu provo : « Au service de la société ». Alors qu'eux, dans leur apprentissage, ils sont au service de l'auteur, au service d'une idée. Comment être au service de la société ? En étant un artisan – ça tu l'as dit dans tes bouquins – , une cheville ouvrière. J'appelle ça « un comédien cheville ouvrière ». Cette façon d'aborder la société donne au comédien une place particulière, qui fait que sa formation initiale va être reconnue, qui fait que son savoir-faire va être reconnu. Quand j'ai embauché les quatre comédiens qui étaient des instituteurs, des institutrices, on a bien vu qu'ils n'étaient pas prêts à aller dans la controverse de manière gratuite. Alors qu'un comédien professionnel va vers un jeu gratuit.

Isabelle : Ça me rappelle les ateliers-théâtre-forum avec des gens qui ne sont pas des comédiens professionnels. Les personnes qui jouent les oppresseurs disent : « Oh, non, non, j'ai horreur de ça, j'ai pas envie de jouer ça. » et c'est vrai que cette dimension du jeu leur échappe. Le plaisir... Je leur dis : « Mais c'est jouissif de jouer un oppresseur ! Franchement, c'est rigolo ! »

Gilles : Oui, mais c'est un jeu. Et c'est un jeu gratuit. Il n'y a rien à gagner. Oui, le jeu gratuit, rémunéré. Desdémone, je prends un plaisir à la tuer. C'est fou ! Et on me paye pour ça ! C'est étonnant ! Je suis un affreux jojo ! Je vais à l'encontre de la morale.

Alors ça c'est un deuxième point. Le comédien de théâtre-forum va à l'encontre de la morale, puisqu'oppresseur. Et quand il est opprimé, là aussi il va à l'encontre de la morale bien-pensante. Puisque l'opprimé, dans la pièce classique, va accepter l'oppression à la fin. Chez Shakespeare tout le monde sait, depuis des siècles, que l'opprimé accepte l'oppression. On accepte les dommages et intérêts. Là, dans le théâtre-forum, cet opprimé va devenir autre et va aller contre cette morale qui est que c'est une femme et donc qu'elle doit se taire. Ou que c'est un homme, un enfant, qu'on amène à l'état de néant. Donc, dans le théâtre-forum, tout d'un coup on a sur scène quelque chose qui est troublant. Le comédien, il faut qu'il assume ça, qu'il puisse admettre que son personnage d'oppresseur va changer, parce qu'on va lui amener une espèce de truc qui va le charcuter... C'est quelque chose qui est l'ordre de l'infime. Par exemple le fait de regarder l'autre, alors qu'on a prévu que dans la pièce, il ne le regardait jamais. Peut-être que le spectateur va imaginer une mise en scène pour le regarder. En sachant très bien que si le spectateur arrive à faire ça, il va devoir accepter.

Isabelle : C'est justement ce que je trouve marrant à faire, quand tu es l'oppresseur ; c'est de tenir compte du spectateur. La personne qui va venir sur le plateau va avoir de la répartie, va avoir analysé toutes tes postures corporelles... Et toi, ta réaction d'oppresseur, c'est soit de céder sur certains points, soit de t'agripper à ton oppression comme une bernique à ton rocher, jusqu'à en devenir ridicule. C'est très drôle ! Ça fait partie du jeu. Le Joker alors avertit le spectateur, la spectatrice : « Là, l'oppresseur est de mauvaise foi ! » Et c'est là où s'instaure ce jeu théâtral avec le spectateur, et aussi avec la salle, avec cet oppresseur qui devient un personnage très théâtral, presque caricatural. On peut décider de s'amuser avec le spectateur pour construire à son contact un personnage oppresseur qui va jusqu'à sortir de la réalité, tellement il est borné. On peut graduer ça, et l'intérêt du jeu, à mon avis, quand on est oppresseur de théâtre-forum, l'intérêt dramatique, c'est justement de se dire : « Attends, qu'est-ce que je vais sortir pour contrer ce spectateur ? » C'est dans ce jeu avec le public que se dessinent les différences de style entre les comédiens oppresseurs. Il y a ceux qui jouent la méchanceté, ceux qui jouent la bêtise bornée, ceux qui pleurent pour culpabiliser le personnage-spectateur… Il y a tout cet arsenal qui est lié au jeu, au pur jeu théâtral, avec le spectateur.

Gilles : Mais ça n'empêche pas qu'être comédien de théâtre-forum, c'est quand même assez particulier. Parce qu'il y a une aventure, parce qu'il y a un risque, quand même, pour lui.

Isabelle : Je reviens sur le trac de ton comédien. Moi j'ai eu la préoccupation presque inverse. Je me disais que parfois on n'a pas assez le trac. C'est vrai qu'à côté du théâtre-forum je faisais du théâtre masqué. Quand tu fais un « seul.e en scène », ou bien quand tu n'es qu'à deux sur le plateau, avec quelque chose que physiquement il faut tenir (jouer avec un masque est très éprouvant), que tu tiens vraiment la baraque, là le trac est gigantesque. Ou alors quand tu chantes. Quand tu chantes, tu as en plus le trac de ne pas être en rythme, d'oublier ton texte, etc. C'est moins éprouvant en théâtre-forum. En plus, souvent tu joues beaucoup, en tout cas davantage que pour les spectacles non forum. Au bout d'un moment tu as alors une bonne maîtrise de la scène, et la problématique est plutôt inverse, en tant que comédienne : celle de ne pas arriver sur le plateau trop légèrement, comme tu vas faire tes courses.

Gilles : L'ennui, c'est la mort. L'ennui, c'est le diable. À un moment donné l'ennui te paralyse.

Isabelle : C'est quand tu es paresseux, quand il n'y a plus le trac, que tu risques des trous. Elle est importante, cette petite poussée d'adrénaline qui te dit : « Dis donc, sois à ce que tu fais. » Et c'est pour ça aussi que quelquefois, en tournées de spectacles forum où on avait beaucoup de dates, avec l'équipe on s'est donné quelques petits challenges, pour réveiller un peu la situation, tout en essayant de ne pas déborder. C'est pour ça que je suis étonnée par la peur de ton comédien. Je comprends bien ce que tu dis, les motivations, ce qui sous-tendait cette peur. Mais moi ce que j'ai vu comme problème, c'était plutôt comment revenir avec cette indispensable tension du jeu dramatique.

Gilles : Oui, la peur peut à la fois paralyser et être un tremplin.
Je reprends ce que j'avais dit sur la logique de personnage. Je pense que dans toute bonne école de théâtre, quand tu abordes un personnage, on aborde la logique de ton personnage pour pouvoir interpréter chaque vers, chaque réplique : « Pourquoi je le dis, qu'est-ce que ça me fait, qu'est-ce que j'attends, qu'est-ce qui va me faire exister ? » Moi je vais beaucoup plus loin que la logique. Je vais sur « l'autopsie » d'un personnage. C'est un personnage qui est mort, l'oppresseur, et on autopsie ses tripes et ses pensées. Mais vraiment dans ce cadre-là, il faut qu'on puisse être très clair : qu'est-ce qui l'a fait bouger ? Qu'est-ce qu'il a bouffé ? Et on regarde le personnage. Et là je reprends l'idée de Brecht sur la distanciation : ne pas être le personnage. Être dans la peau du personnage, je veux bien, mais il faut savoir que c'est un masque. C'est un masque social qu'on met en place, c'est un masque clair, c'est un masque qui fait qu'on le prend et qu'on l'enlève. On le prend quand le spectateur monte sur scène et que le Joker dit «Vous reprenez là. Attention, jeu ! »
On pourrait ne pas le faire. On pourrait ne pas expliquer la reprise du jeu aux gens aussi clairement. Je m'aperçois qu'il y a un avant et un après. Il y a un dedans et un dehors. Le dedans, c'est la scène, et le dehors, c'est le spectateur. Et il faut qu'à un moment donné le spectateur soit capable de dire : « Ah, je rentre dedans. », et le comédien, de la même façon, : « Ah, je rentre dedans. » Il y a beaucoup de comédiens qui ont du mal à démarrer et à être la force de proposition pour démarrer ce jeu. Il leur faut

du temps. Je leur dis : « La phrase que vous avez à dire, c'est cette phrase-là. Et plus vous serez percutant, plus vous serez clair, plus le spectateur vous répondra. C'est obligatoire. » On fait des exercices et tout d'un coup, pouf, ça marche. Donc allons au plus près de l'autopsie, pour qu'on puisse analyser.

Par contre, en répétition je n'ai jamais fait d'improvisations entre comédiens pour se dire : « Voilà comment ça va se passer. » Je répète énormément la partie fiction. Plus on aura travaillé la fiction, plus on pourra improviser. Plus on s'appuiera sur des choses. Et donc il n'y aura pas de trac à avoir, il n'y a pas de danger, il y aura un risque, simplement, de rencontrer l'autre. C'est tout. Alors je pense que le comédien de théâtre-forum, c'est ce risque-là qui doit l'amener à avoir son plaisir, à avoir son intérêt, sa jouissance, quoi. Sa jubilation. Pour être dans cette compagnie.

Et dernière chose : plus les comédiens sont issus d'une formation classique, mieux ils sont en théâtre-forum. Ça c'est essentiel. Plus ils ont des bases solides de création de personnages, de mise-en-scène, de logique de personnages, mieux ils sont en théâtre- forum, mieux ils sont dans l'improvisation. Parce que l'improvisation dans le théâtre-forum, ce n'est pas une improvisation normale. C'est une improvisation guidée. C'est une improvisation de type commedia dell'arte. Il y a des garde-fous. Il y a des codes. Il n'y a pas d'aventure. On ne va pas tout d'un coup devenir une algue, ou une palourde. J'adore ça, mais ça n'a pas d'intérêt dans… quoique… savoir comment une palourde crie… Mais avoir une bonne assise de spectacle, de formation théâtrale, je pense que c'est important.

Isabelle : Je vais distinguer la jubilation, la jouissance d'être oppresseur, de celle des autres personnages. Parce que la jouissance de l'oppresseur, on peut la comprendre assez rapidement. D'abord tu es souvent sur le plateau, tu parles beaucoup, tu es face au spectateur. En revanche tu peux avoir un peu de frustration à jouer l'opprimé, qui sera remplacé à tous coups, en tout cas qui sera peu présent sur le plateau. Mais je pense que quand tu as une formation théâtrale, tu sais très bien que même si tu n'as pas beaucoup la parole, tu as beaucoup à jouer, quand tu es opprimé. Pour l'allié, l'intérêt est beaucoup du côté du forum, à savoir quand je ne dois pas parler à la place du spectateur, et quand j'interviens, et comment, et suffisamment, pas trop. Là encore, quand tu as une formation théâtrale, tu peux aller au-delà de la frustration de ne dire que deux mots, et peut-être même de ne rien dire du tout, d'être une présence sur le plateau. Tu peux juger aussi de tout ce qui se joue théâtralement, quand tu es à côté.

Gilles : Les comédiens de théâtre-forum ne se font applaudir qu'à la fin. C'est ça qui est chiant. C'est vrai. Pendant tout le spectacle, on applaudit le spectateur. On applaudit la performance du spectateur, on la remarque. Mais il va falloir la fin du spectacle pour se dire : « Cette performance, elle est due à l'existence de ce comédien, ou de ces comédiens. Et même du Théâtre de l'Opprimé, qui m'a donné la première marche… »

Isabelle : Il faut dire que si tu n'as pas ailleurs, dans d'autres expériences théâtrales, la reconnaissance de ton jeu par les spectateurs, ça peut effectivement être très frustrant. Entre pairs, on sait qu'il faut beaucoup de qualités pour jouer l'opprimé.e et l'allié.e, mais de la part du public ou du commanditaire, ce n'est pas compris. Ils ne savent pas à quel point ça demande du métier.

Le ou la Joker

Véritable incipit de la séance de théâtre-forum, il ou elle ouvre le bal. C'est un personnage clé du théâtre-forum. Il l'est d'autant plus que, bien souvent, c'est lui qui a écrit le texte des scènes et a été en relation avec les commanditaires… s'il n'est pas, comme Gilles ou moi avec ma compagnie l'Éléphant de Poche, carrément à la tête de la troupe.
Le ou la Joker a la charge délicate d'accompagner le public dans l'expression de sa parole. Pour Boal qui aimait et pratiquait le foot, le Joker, relais entre les comédiens et la salle, est un véritable pivot.
Il existe autant de manières de joker que de Jokers. Certains sont tonitruants comme des Monsieur Loyal, d'autres doux et caressants, d'autres vifs et bondissants comme des courants d'air… C'est assez la manière de Gilles.
Malgré cette disparité créative que Boal constatait déjà à la fin des années 70, la fonction du ou de la Joker reste la même pour tous et toutes : le Joker est un porte-parole, un porte-voix. Son avis, son opinion, doit s'effacer devant les paroles de la salle. Ce n'est pas non plus un animateur de débat. Il n'orchestre pas les différents points de vue mais invite chacun et chacun.e, par-delà leurs opinions, à expérimenter des solutions. Pour Boal, qui multiplie les métaphores : « le Joker est un accoucheur. Mais une maïeutique de corps et d'esprit, pas simplement cérébrale. Le Joker doit aider l'accouchement de *toutes les idées, de toutes les actions* ! »

Il y a des règles communes pour que le joke marche correctement :

- Le Joker doit éviter tout geste qui puisse manipuler ou influencer le spectateur. « Il ne doit pas tirer de conclusions qui ne soient évidentes, il doit toujours les remettre en question et les énoncer sous forme interrogative et non affirmative, de sorte que les spectateurs puissent répondre oui" ou "non", "nous avons dit ceci et non cela" au lieu d'être confronté à une interprétation personnelle du Joker. » Il fait l'interface entre la scène et la salle en répétant les paroles du spectateur, en demandant : « Qu'est-ce que vous avez vu ? », « Quelle est votre interprétation de cette situation ? », « Que pensez-vous des personnages ? ». Il ne guide pas la réponse du public en disant : « Mais alors, est-ce que vous avez vu ceci et cela ? »

- *Le public est roi.* Le Joker énonce les règles du jeu et la thématique de départ. Et ceci est très important à souligner : il accepte néanmoins que le public les modifie si celui-ci le juge nécessaire, conforme à son interprétation des scènes présentées.

- *Le Joker doit être attentif à toutes les solutions apportées par les spectateurs qui résoudraient la situation d'un coup de baguette magique.* Cependant, ce n'est pas lui qui décrète que la réponse du spectateur est « magique », mais le public qu'il a préalablement interrogé : « Que pensez-vous de cette solution ? »

- *À l'opposé, le spectateur sur le plateau peut proposer des solutions que Boal appelle « insuffisantes ». Dans ces cas-là, le Joker doit encourager les spectateurs à trouver des solutions plus actives.* En effet, pour Boal, « la solution magique est trompeuse, mais la solution insuffisante est démobilisatrice. »

- *Le Joker est un personnage. Son attitude physique est par conséquent extrêmement importante, parce que signifiante.* Il ne faut pas laisser transparaître doutes, indécision ou timidité. Boal ajoute : « Si le Joker sur scène est fatigué ou dérouté, il transmettra une image fatiguée et désorientée au spectateur. Mais attention, être dynamique ne veut pas dire être dirigiste ! »

Il vaut mieux que le Joker, comme ses collègues, soit un comédien, une comédienne professionnel.le. Ainsi il pourra puiser dans son expérience artistique - et c'est là que l'expérience du clown, ou de la commedia dell'arte, est bénéfique - des éléments précieux pour son accompagnement de la salle :

- Démarrer son discours d'introduction au bon moment, quand la salle est attentive et que les brouhahas ont cessé.
- Inciter rapidement les spectateurs à venir sur scène, sans coercition mais sans mollesse.
- Insuffler un rythme, emporter le public dans le format contraint de 1 h 30, en sachant, comme en commedia dell'arte, articuler le temps des improvisations (lazzi) avec le temps des scènes fixes modèles.

L'écriture du forum

Le théâtre-forum, c'est du théâtre. Donc il y a une écriture théâtrale qui doit tenir compte déjà de données artistiques. Ça doit être une écriture riche en éléments scéniques. On ne doit pas se contenter d'une joute oratoire. Il faut qu'il y ait des émotions, ce qu'on appelle des « états émotifs ». Il faut aussi qu'il y ait des signes théâtraux qui vont donner des éléments supplémentaires de compréhension de la situation. Les costumes, la bande-son, les éclairages, la question du décor ou pas décor, peu importe : les conditions scéniques vont donner des clés pour la compréhension des scènes. Et ces clés peuvent être autant de leviers pour faire bouger la situation d'une manière ou d'une autre. Donc il y a le côté artistique de l'écriture : savoir écrire un texte dramatique.

Oppression ou agression ?

La question est fondamentale ! Boal met en garde l'auteur.e ou le groupe d'auteur.e.s de théâtre-forum : « Il arrive souvent qu'un groupe prépare une pièce de forum où la situation est présentée sous un angle tel, à un tel degré de développement que les possibilités d'options sont limitées ou nulles et que l'on ne peut plus rien faire. » Il donne des exemples. Ce peuvent être des agressions physiques. Or la solution pour contrer ces agressions, c'est de s'armer soi-même, c'est de se bagarrer ; ça ne peut être qu'une réponse physique. Boal précise : « Des cas comme ceux-ci ne servent pas le spectacle de théâtre-forum parce qu'ils ne représentent pas l'oppression contre laquelle on peut lutter, mais l'agression que l'on ne peut pas esquiver. »
C'est exactement ce que je retrouve dans mes ateliers théâtre-forum. Mes stagiaires me proposent régulièrement un cambriolage ou une situation de violence dans un couple. Mais si une personne se fait cambrioler, si une femme est battue, dans les deux cas, il n'y pas de débat. Les deux personnes doivent porter plainte. Ce sont des situations qui sont impossibles à mettre en forum parce que ce sont des cas extrêmes, parce que ce sont des oppressions physiques.

Confondre agression et oppression a pu être également le défaut de certains spectacles de TENFOR, notamment dans la thématique des addictions. En effet, montrer des personnages qui sont en train de prendre une substance ou de boire de manière excessive ne fait pas forum. Il ne s'agit pas là de situations d'oppression, il s'agit plutôt de situations d'agression et, dans ces exemples, d'agression envers soi-même. Le spectateur n'a pas de levier pour argumenter. Il se contente de répéter : « Ce n'est pas bien de se droguer ou de prendre de l'alcool en excès. » Boal emploie le mot « agression » pour désigner le dernier niveau de l'oppression. Pour lui « l'oppression n'est pas un phénomène exclusivement physique que l'on résout. En termes physiques, l'oppression est très souvent intériorisée. L'opprimé peut encore se libérer ; l'agressé, s'il est physiquement fort, peut retourner l'agression, un point c'est tout. »

En somme, si tout est impossible, si la situation est bloquée, il ne reste plus aux spectateurs qu'à devenir des « témoins » de la tragédie. Montrer une agression démobilise totalement le spectateur.

Quand on s'est enferré.e dans l'écriture d'une scène de théâtre-forum où l'on est tombé.e dans ce piège de la confusion entre oppression et agression, il y a cette solution que Boal préconise : « revenir en arrière, reprendre l'histoire et chercher à quel moment l'opprimé avait encore le choix entre plusieurs solutions (avant que le scénario ne s'achemine vers une fin agressive) ».

Problématisation

Cette fonction de l'écriture forum – qui est d'ailleurs présente dans un grand nombre de textes, qu'ils soient dramatiques, romanesques, ou écriture d'essais - est le b.a.-ba du dramaturge forum. Il s'agit de déceler dans une demande ou une commande à la compagnie une question fondamentale, et, partant, de mettre au jour les enjeux oppressifs et les logiques de personnages, de dessiner une structure dynamique qui pourra évoluer au fur et à mesure que les spectateurs y apporteront leurs péripéties.

Je ne m'étendrai pas sur cette question qui mériterait à elle seule une bonne moitié de ce livre, et que j'envisage d'enseigner au même titre que la pratique du Joker. Je poserai seulement les points de réflexion suivants :

- *Les oppressions reposent sur des stéréotypes ou des idées toutes faites que l'on plaque sur la personne de l'opprimé.* L'écriture fera état de ces fantasmes auxquels les spectateurs opposeront la réalité des faits.
- *Il est bon que l'écriture pose une forme de distance* afin que la situation proposée soit perçue sans une charge émotionnelle trop importante, surtout pour des sujets intimes tels que le harcèlement, le racisme, l'homophobie, etc.
- *À côté de la situation d'oppression initiale, il y a souvent des oppressions périphériques ou masquées.* Par exemple, si on traite des problèmes d'oppressions liés à une méconnaissance ou une mauvaise interprétation de la laïcité, il est évident qu'il faudra traiter également de discrimination, d'homophobie, de racisme, de sexisme… Il faudra articuler ces oppressions et les illustrer par une situation non seulement identifiable par le spectateur ou la spectatrice mais également suffisamment complexe pour que l'on dépasse la tentation du slogan et de l'injonction moralisatrice.

En corollaire de cette question de savoir poser une problématique, il y a celle d'avoir les compétences pour écrire. Ce n'est pas donné à tout le monde ; cela demande une certaine expérience, une certaine réflexion, des compétences à la fois artistiques, scéniques, savoir dégager une problématique… Donc il faut se demander qui, dans la troupe, est la personne la plus à même d'écrire, et si ce peuvent être plusieurs auteurs et autrices. Dans ce dernier cas, quelle sera la signature, le style commun de la compagnie ?

Enfin, le souci de la problématisation d'un texte peut nous faire nous interroger sur la pertinence d'écrire sur tout. Y-a-t-il des moments où on peut refuser de faire un texte de théâtre-forum, parce que les conditions ne sont pas là pour problématiser quelque chose et pour ne pas être simplement dans l'illustration d'un catéchisme ?

Construction de la pièce

J'ai un tempérament de ménagère. J'aime l'ordre, les règles et la clarté. En général, je construis donc des scènes de théâtre-forum en commençant par une injustice évidente, criante, nette ; mais comme je suis aussi une artiste, c'est-à-dire un être chaotique, je m'achemine au fil de la construction des scènes jusqu'à une situation plus questionnante. Gilles, quant à lui, en bon clown défricheur, aime expérimenter des écritures où l'oppression sera parfois à rechercher tout le long de la pièce par le public, quitte à le perdre quelque peu. Mais que ce soit pour Gilles ou pour moi, idéalement, toutes les interventions des comédiens doivent être mesurées et vraiment travaillées à la virgule près. Il n'y a pas d'improvisation dans la scène modèle. Tout est signifiant, théâtral. Il ne doit pas y avoir de banalisation.

Qu'est-ce qui fait selon Gilles et moi un bon auteur, une bonne autrice de théâtre-forum ?

Gilles : On est auteur de théâtre-forum si on est un excellent journaliste. Aucun sujet n'est tabou ni ne doit te placer comme quelqu'un d'ignorant à vie. Tu es un ignorant, mais tu vas vers quelque chose.

Isabelle : Pour moi on doit avoir la connaissance de l'honnête homme et de l'honnête femme. Le côté journalistique, c'est faire en sorte que la pièce soit plausible. Et c'est là où il y a le travail de journaliste à faire. Il faut se documenter.

Gilles : Qu'est-ce qui nous réveille, en tant qu'auteur.e ? Quelle est l'incarnation, le carné, le vital, qui te fait vibrer ? J'ai fait deux cents scénarios de théâtre-forum, j'ai dû y mettre toutes mes phobies, toutes mes peurs, toutes mes angoisses. Chaque fois que je ne l'ai pas fait, c'était mignon mais ce n'était pas du tout incarné. Pour écrire, à un moment donné, il faut que tu rencontres un témoignage qui va t'émouvoir dans ton histoire et dans ton histoire d'auteure. Si tu ne le fais pas, tu feras un bon papier journalistique, mais qui n'aura pas la teneur d'un article de Florence Aubenas.

Isabelle : Ma motivation à l'écriture, c'est d'abord un sujet qui me parle. C'est l'importance de l'oppression, de l'injustice.

Gilles : Je fais un peu plus de périphrases, parce que parfois il y a des commanditaires qui ont un peu de mal avec le terme « oppression ». Ils préfèrent l'idée du « frein » qui empêche de s'émanciper.

Isabelle : Moi j'insiste sur le terme d'oppression. Pour que le forum fonctionne, il faut qu'il y ait quelque chose d'un peu vital.

Notre relation au public

Le public est le point de départ du théâtre-forum. Il est sa raison d'être. Nous autres, compagnie de théâtre-forum, venons après. Le moins qu'il puisse être, c'est notre partenaire. Le mieux que nous puissions être, c'est à son service.

La relation que nous avons avec le public est un point fondamental de notre pratique. De la manière dont nous envisageons cette relation va dépendre la manière dont nous allons mener la totalité du spectacle ou de l'atelier-théâtre-forum. Allons-nous considérer les spectateurs comme des fauves qui ne rêvent que de nous dévorer ? Comme des personnes à éduquer ? Comme des sauvages, obscènes, dont la spontanéité va bousculer le bon ordonnancement du spectacle ? Allons-nous nous considérer comme le porte-paroles du public, ou plus humblement comme son porte-voix ?

La compagnie de théâtre-forum dresseuse de fauves ?

Gilles : Comment tu te situes, Joker, comédien, par rapport aux spectateurs ?
Dans mon *dictionnaire poétique du théâtre-forum*, je parle du « dresseur de fauves », qui est le pire des maîtres, qui dresse les fauves à l'attaquer, jusqu'à ce que les fauves le tuent. Et la jouissance du fauve qui peut tuer le dresseur, je crois qu'elle existe parfois chez les spectateurs. « Je vais lui donner deux baffes. Je suis un fauve, je vais affronter le dresseur. » Le dresseur de fauves ne vit que par son dressage. Le dressage, donc, c'est quand le comédien est un peu obtus dans sa logique de personnage et qu'il ne veut rien lâcher, et qu'il va jusqu'à mater le fauve, pour des idées. Le dresseur triomphe, donc, en disant : « Je reste en vie, et vous ne m'aurez pas encore ». Ou il va jusqu'à l'accident. L'accident, ça fait partie de sa vie. C'est-à-dire que le fauve bouffe le dresseur de fauves. Mais qui a bouffé l'un et qui a bouffé l'autre ? Est-ce que le dresseur Joker n'a pas été vers un suicide, assisté, devant tous les spectateurs ?

A contrario, le Joker peut avoir cet état d'esprit d'abdiquer devant le fauve, et d'abdiquer trop vite, d'abdiquer sans combat, et d'abdiquer sans velléité d'amener son savoir-faire ou ses ressources.

Quel est l'enjeu de la rencontre entre le fauve et le dresseur ? Est-ce que c'est pour le spectateur un amusement ? On sait que le dresseur aura toujours le beau rôle, mais sait-on jamais, nous allons assister peut-être à un drame, et le drame de la vie. Et c'est terrible, parce que dans les corridas c'est la même chose, le spectateur attend la défaillance du toréro. Et cette défaillance de l'acteur, puisque c'est du vivant – ce n'est pas un film, c'est du vivant - va me faire jouir complètement. Et dans cette optique-là, le spectateur n'écoute rien de ce qui se passe avant, il n'attend que la fin.

Et je me suis dit, en théâtre-forum, pourquoi ne finit-on pas sur un drame qui va surprendre le spectateur ? Celui-ci est venu au théâtre pour voir un thème sur « garçon-fille », « le respect de la femme dans le couple », par exemple. Son attente anxieuse, et son attente refoulée, on va dire, c'est la mort de la femme. Il attend que ça déraille.

Eh bien nous, on lui dit non. On lui kidnappe la dernière image en disant : « Cette image-là, c'est trop tard, c'est ce qu'il fallait faire qui va nous intéresser. Et donc, pour ne plus voir cette fin anxieuse, on va revoir ce qui se passe avant. » Et je pense que c'est vachement intéressant, parce qu'à un moment donné, ça oblige le spectateur, du fait que la fiction dure trois minutes, quatorze, quinze minutes maximum, à faire très attention à ce qui est dit. Comme il va être en compagnie de congénères, il n'aura pas la même lecture de cette pièce. Il y aura des lectures qui vont être contradictoires. Et après que les lectures différentes soient dites, on va aller dire : « Qu'est-ce qu'on fait ? »

Le spectateur spontané

Boal utilise le mot « obscène » pour qualifier le public. « Obscène », emprunté au latin « obscenus », « de mauvais augure », « sinistre », peut être compris dans ce cas comme « qui ne doit pas être montré sur scène ».
Or le spectateur de théâtre-forum est un spect'acteur. Il monte sur scène après que lui a été montrée une situation triviale qui le touche, qui l'évoque, lui. Il est donc, à proprement parlé, obscène. Par sa liberté, sa spontanéité, il peut, sauvage, offenser le sens esthétique ou moral, renverser les valeurs, comme au moment du Carnaval.
Il vient sur scène pour parler d'une injustice.
À l'origine, c'est-à-dire dans les années 70, au temps mythique des démarrages du théâtre-forum, les spectateurs se saisissaient eux-mêmes du théâtre pour évoquer leur oppression devant la cité et trouver des éléments de résolution de cette oppression.
Il est évident que Boal, dans sa conception de théâtre-forum, a été, directement ou indirectement, fortement influencé par le « théâtre de la spontanéité » de Jacob Moreno, dont il a par ailleurs piqué le « théâtre journal » et « le théâtre invisible ».
Pour mieux comprendre la relation de la compagnie de théâtre-forum avec le public, je pense qu'il est important de faire un petit détour vers ce personnage très particulier qu'était Jacob Moreno, beaucoup pillé, peu crédité, alors qu'il est vraiment à l'origine d'un courant de pensée qui considère que la spontanéité est au cœur de l'homme, au cœur du public, et qu'il ne faut pas faire de différence entre les comédiens et les spectateurs
Je vais essayer d'être concise parce que l'étude de Moreno m'a déjà bien occupée alors que je faisais mes études d'art thérapeute, dans les années 2007-2008.

Rendre compte de son livre, *Théâtre de la Spontanéité*[23], devant les autres étudiants de l'INECAT[24], fut un travail foisonnant, passionnant, mais un peu compliqué. Moreno, en effet, semeur de graines, ouvreur de portes, précurseur, est à la fois très connu et méconnu. Personnage pragmatique par excellence, hybride, métis (tiens, comme Gilles et moi ! osons les rapprochements flatteurs), il a hésité entre le théâtre, la philosophie, la psychothérapie, la religion et les sciences humaines.

Avec *Théâtre de la spontanéité*, publié d'abord anonymement en 1923 en Autriche, il est à l'origine du théâtre qui descend dans la rue et dialogue avec le public, du théâtre en rond, du théâtre thérapeutique, du psychodrame, de la sociométrie, de la théorie des rôles, des nouvelles thérapies corporelles et de l'usage de l'imaginaire, de l'image mentale en thérapie.

C'est lui qui a inventé le terme de psychodrame.

Malgré le caractère prolifique de son œuvre, il est peu ou pas présent dans les ouvrages de théâtre alors que ses successeurs, ceux qui s'en sont inspirés, le Living Theatre, le Théâtre Laboratoire, sont cités.

Le fondement de ce qu'on peut appeler la philosophie théâtrale de Moreno, laquelle découle d'une philosophie existentielle proche d'une théologie, est la notion de spontanéité. Pour Moreno, la spontanéité est au cœur de toute dimension de la nature, y compris dans le Soi de l'homme. Le théâtre devient pour Moreno le lieu idéal pour tester et mesurer la spontanéité, dans une recherche au niveau expérimental.

« Le théâtre spontané continue la création divine du monde en ouvrant l'homme une nouvelle dimension de l'existence. »

En effet, le lieu où naît véritablement le théâtre est le théâtre spontané. Le théâtre à texte est, quant à lui, une forme rigide, dogmatique. Dans ce théâtre figé, l'œuvre est séparée de l'auteur. Le moment de créativité est passé. L'interprétation est mécanique. Il y a quelque chose de morbide

---

[23] *Théâtre de la spontanéité,* Jacob Moreno – Zodiaque Éditions.
[24] INECAT : Institut national d'expression, de création, d'art et de transformation. Paris. Directeur : Jean-Pierre Klein

dans ce type de représentation, car elle n'évoque que le passé. Les acteurs sont emplis d'un « produit fini » (le texte) qui les parasite et empêche leur créativité. Pour Moreno, cette « pathologie » du théâtre n'est qu'un des signes d'une pathologie plus vaste de la culture occidentale : « la conserve culturelle ».

Pour reconstruire le lieu original, vivant, du théâtre, Moreno propose alors quatre formes théâtrales :
- le théâtre de conflit ou théâtre critique ;
- le théâtre spontané ou théâtre immédiat ;
- le théâtre thérapeutique ou théâtre réciproque ;
- le théâtre créateur.

C'est le théâtre de conflit qui se rapproche le plus du théâtre-forum.
Dans cette forme théâtrale, la force qui libère le théâtre et le drame vient du public. Le spectateur devient acteur et se trouve en conflit avec les personnes qui donnent la représentation sur la scène, avec leur manque de spontanéité (théâtre de conserve) et leur absence de secret (rôle). Le théâtre sur scène est le théâtre du passé, le théâtre du public est le théâtre du moment, de la spontanéité. Les deux forces s'affrontent et créent un troisième théâtre : le théâtre du conflit.

La participation du public devant être libérée du chaos et de l'anarchie, c'est à une personne du public que se voit confiée la direction. Elle devient le meneur du public.

On retrouve dans le théâtre-forum les éléments essentiels du théâtre de la spontanéité

- L'improvisation comme élément essentiel de la pratique ;
- L'abolition de la frontière entre acteurs et spectateurs ;
- Le souci de « changer le monde ».

Dans le théâtre-forum comme pour Moreno, la spontanéité du public devenu acteur (spect'acteur) est une donnée indispensable. C'est proprement le rôle des spectateurs d'introduire de la vie, de l'imprévu.

La compagnie de théâtre-forum : intermédiaire et porte-voix de l'opprimé.e

Même chez Moreno, l'intervention du public sans médiateur sur le plateau est rarissime. En théâtre-forum, Boal l'a pratiqué dans les années 70, mais depuis les années 90 on lui préfère une intermédiation : des compagnies de théâtre relaient la parole des spectateurs et aménagent le débat. Elles le font dans la majeure partie du temps à la demande, non des opprimés eux-mêmes, mais d'un commanditaire.

On peut regretter cette présence d'une compagnie médiatrice qui peut faire perdre au spectateur sa spontanéité. On peut également craindre, à bon droit, une confiscation de la parole et (ou) une censure de celle-ci à l'usage du commanditaire. Le piège existe, et il faut être extrêmement habile pour ne pas y tomber.

Cependant on peut apprécier, au contraire, la présence d'un tiers qui permet d'éviter la confiscation de la parole par certains spectateurs au détriment des autres. En effet, toute personne ayant étudié de manière théorique ou empirique la dynamique des groupes sait qu'un groupe s'autogère rarement tout seul. Quand il faut prendre la parole, s'il n'y a pas de règles ni de personnes élues pour les faire respecter, quand il n'y a pas une forme de rituel garde-fou, ce sont les plus forts qui l'emportent. Ce sont les grandes gueules plutôt que les doux, les hommes plutôt que les femmes, les radicaux plutôt que les modérés, les prosélytes plutôt que les indécis... C'est en général l'opinion, le slogan qui sont mis en avant, pas la prise en compte des faits, pas l'intelligence collective.

La troupe de théâtre-forum a donc pour rôle d'accompagner la parole, d'aider à son émergence. Elle encourage les timides, les habituels muets. Elle distribue le bâton de parole, permet la libre circulation des propositions. Elle sait que le public est tout à fait à même de trouver des solutions. Elle a confiance en lui. Elle lui propose un élément déclencheur de réflexion collective, à savoir une scène qui montre une situation dont l'opprimé.e ne sait pas se sortir. Si la situation, l'injustice, est claire, en général les personnes montent sur le plateau pour aider l'opprimé.e. Parce que l'injustice les remue.

« Venez lui dire ! » est la phrase qui, pour moi, les met en mouvement. Pour Gilles, ce serait plutôt : « J'aurais pas fait comme ça ! » Dans les deux cas, la parole doit être accompagnée de l'action de monter sur scène, de tenter physiquement de dénouer le drame, au lieu de lancer son opinion depuis sa chaise. Le Joker a ce rôle fondamental d'inciter la personne, non seulement à parler, mais surtout à expérimenter.

La compagnie de théâtre-forum n'est ni un parti ni un syndicat

Je sais qu'historiquement certaines troupes de théâtre-forum se sentent investies d'un devoir de militantisme. Je me suis pris le chou en formant des compagnies de théâtre-forum qui ne voulaient pas démordre de leur attitude catéchisante. J'ai également eu de longues discussions avec certains comédiens, certaines comédiennes, qui voulaient que l'on prenne position pour tel ou tel thème « émancipateur » qui allait du féminisme à la lutte contre le racisme, en passant par la liberté de s'opposer au pass sanitaire.

Gilles évoque lui aussi ce militantisme

Gilles : « Certaines compagnies de théâtre-forum étaient, dans les années 80, 90, dans cette logique-là - et elles le sont toujours - qu'il faut amener le spectateur à avoir une conscience politique. C'est du forum instrumentalisé pour éduquer le spectateur. On n'a pas confiance. On ne dit pas « la réponse à notre questionnement se trouve dans le public et je prends le pari qu'au bout d'une heure et demie, cette réponse ou ces réponses, ou ces embryons de réponses, pourront arriver sur le plateau, à voix claire et à voix haute. » On n'est pas dans une logique de démocratie. Or on doit être dans cette idée que la démocratie est dans la salle, que nous, nous sommes juste un élément déclencheur de cette démocratie.

Certes, la question du militantisme est posée à chaque compagnie dès le départ. Il ne faut pas se leurrer : le théâtre-forum, c'est du théâtre engagé.

C'est du théâtre révolutionnaire. Il faut donc arriver à faire la part des choses et voir comment on peut avoir une visée révolutionnaire, c'est à dire changer la société, la faire évoluer au mieux, faire en sorte que les opprimés retrouvent du pouvoir d'action, sans être pour autant un théâtre qui ne cherche pas réellement à débattre avec la société, qui ne cherche pas réellement quelque chose de démocratique et citoyen, mais qui veut asséner des vérités aux gens. Si on catéchise, on enlève à l'opprimé du pouvoir d'agir. On parle en son nom, à sa place. On n'est pas vraiment son porte-parole. C'est ça, pour moi, la problématique du militantisme.

Gilles et moi sommes d'accord sur ce point

Même si nous sommes viscéralement de gauche et engagés en dehors de TENFOR dans des causes diverses, nous pensons que la compagnie de théâtre-forum, pour remplir au mieux son rôle de porte-voix, doit rester la plus neutre possible. Il ne s'agit pas de taper sur les hommes machistes du public, ni de faire une leçon de morale aux racistes et aux personnes qui discriminent. Il ne s'agit pas non plus de démontrer que notre bord politique est le plus légitime à lutter contre les oppressions. Il s'agit d'exposer une situation d'injustice, de discrimination, de harcèlement, etc., et de permettre à la salle de trouver la solution, <u>collectivement</u>. Même les personnes qui ne partagent pas notre opinion peuvent trouver des solutions !
Cela peut paraître difficile à comprendre. Je prendrai donc deux exemples :
Dans ma longue expérience de la thématique de la Lutte contre les discriminations, j'ai eu l'occasion, dans les ateliers comme en représentation, d'avoir dans le public des personnes qui ne partageaient pas mes opinions politiques ou philosophiques. Dans la vie courante, nous nous serions certainement écharpées et traitées les unes de racistes, les autres de wokistes. Mais la situation exposée dans les ateliers ou les spectacles était assez injuste pour que ces personnes dépassent leur opinion et les stéréotypes associés et se transforment en défenseuses des opprimé.e.s. J'ai ainsi contribué dans un atelier à sensibiliser des élus

d'extrême droite d'une commune à la question des discriminations, et à les inciter à se mettre au service de tous leurs administrés, qu'ils soient d'origine étrangère ou pas. Ils ont convenu qu'il fallait rester dans la question du droit. Le résultat a été un véritable partenariat entre les élus de tous les bords politiques et les travailleurs sociaux de la ville.

Un deuxième exemple est la situation très courante, dans les représentations en milieu scolaire, des professeurs qui constatent, indignés, que des élèves connus pour leur machisme montent sur le plateau pour aider à la résolution de situations de violences sexistes. Pour ces professeurs, l'élève est un menteur – ou une menteuse. Pour nous autres, comédien.ne.s et Jokers, c'est simplement la preuve que le désir de justice transcende les opinions. En montant sur scène, l'élève montre de manière éclatante que la justice est du côté de l'opprimé.e. Pas de l'oppression.

L'interprétation, base du théâtre de l'opprimé

Pour pouvoir agir sur le plateau, les spectateurs ont besoin d'un échauffement. Celui-ci est apporté par « Le Théâtre Images ». Cet échauffement est inspiré de Freire, pédagogue brésilien, et de sa pratique du photolangage, créé pour permettre une alphabétisation visant les personnes adultes de milieux pauvres. C'est une alphabétisation conçue comme un moyen de lutter contre l'oppression.

On demande au public d'abord de donner son interprétation du sens d'une image mimée par le comédien, puis de venir sur scène « sculpter » l'image en la modifiant de manière à ce qu'elle exprime, pour lui, une idée donnée (l'accueil, le dialogue, l'égalité…).

L'interprétation, c'est la base même du théâtre de l'opprimé. Comédiens et spectateurs doivent avoir conscience que quand ils jouent sur le plateau, ils vont subir une interprétation de cent spectateurs, et que les cents spectateurs ne vont pas voir la même chose.

Les spectateurs débattent-ils ou témoignent -ils ?

Isabelle : Tu dis dans ton dictionnaire poétique du théâtre-forum : « Le théâtre-forum est une méthode qui permet aux spectateurs d'apporter leur témoignage - leurs critiques, leur vécu, leurs réflexions, leur volonté de changement…- après la présentation d'une pièce de théâtre. ». J'ai l'impression que nos visions, à toi et à moi, divergent. Parce que pour moi le théâtre-forum, c'est moins un endroit où on témoigne qu'un endroit où on « débat », et sur un support qui est la situation présentée.

Gilles : Oui mais il faut distinguer « Je » de « Jeu ». Le mot « témoignage », dans ce cas-là, c'est « je » viens sur scène jouer, mais je sais que je suis dans un « jeu », et que c'est un espace d'expression. Le spectateur « je » vient témoigner. Il vient témoigner de son vécu, il vient témoigner de son histoire, de ses idées, de ses sensations. C'est dans ce sens-là que j'emploie le mot « témoignage ». Il joue la situation, et quelquefois il joue la situation de tellement près de sa propre vie, qu'il en profite pour faire un témoignage. C'est à nous, c'est aux experts, peut-être au Joker, de décoder « témoignage » et « participation à la situation ». Moi je pense que de toute façon quand un spectateur monte sur scène, il propose un vécu. C'est parce qu'à un moment donné ses tripes ont parlé avant son intellect. Il vient parce qu'il a quelque chose dans ses tripes qui le dérange. Il a une vague idée de ce qu'il va dire et il va sortir ses tripes. Ça jaillit. Ça a toujours un rapport avec un vécu, même si ce vécu est le contraire de ce qu'on attend.

Comment les spectateurs font-ils pour parler plus facilement ?

Dans son dictionnaire poétique du théâtre-forum, Gilles consacre tout un article sur la manière d'aider les spectateurs à prendre la parole. Je lui demande d'approfondir.

Gilles : Comment les spectateurs font-ils pour parler facilement ? Parce qu'on crée les conditions d'un dialogue possible, sans jugement. Je ne juge pas. Je ne peux pas me le permettre, d'ailleurs. Je serais qui, pour juger ? Je ne juge pas la parole du spectateur.

Isabelle : Est-ce que tu peux être encore plus précis ? Qu'est-ce qui fait, dans les premières minutes - parce que tout se décide dans les premières minutes du forum - que le Joker arrive à inciter les personnes à venir sur le plateau ? Comment fait-il en sorte que la parole vienne le plus facilement possible, et que, s'il y a une réticence, on arrive très rapidement à aller au-delà ? Qu'est-ce qu'il met techniquement en place ? Qu'est-ce qui fait qu'on arrive à faire venir dès le départ le spectateur sur le plateau ? Moi, je ne leur laisse pas le temps. Je fonctionne avec ce que j'appelle « l'effet de surprise ». « Hop ! on y va… on ne réfléchit pas. On est parti ! »

Gilles : Alors, il y a deux manières de faire.
Jusqu'en 2010 j'ai pratiqué ce que tu appelles l'effet de surprise « Allez, venez voir, jouez ! ». Puis je me suis aperçu que petit à petit, les gens – les adultes – devenaient très prudents. Il fallait donc aller à ce que je nommerais « la source ». J'ai appelé ça « le parcours d'un forum ». À un moment donné, la question trouble le spectateur : on est à la source. Il se demande ce que c'est que cette affaire-là. Il a bien compris intellectuellement. Et là on est dans le tragique, parce qu'il est dans l'expérimentation. L'expérimentation, c'est « Est-ce que je vais perdre mon âme ? ».

Moi je prends le forum comme un sourcier. Je sais que, pendant la scène, les spectateurs ont réagi, à leur manière. Après la scène, il faut savoir qui va réagir en montant sur le plateau en premier. Il y a encore quelques années, je savais où était la source. Je sentais des gens qui bouillaient. Maintenant, depuis trois ans que je suis ici, à Nantes, j'ai de plus en plus de spectateurs qui sont imperturbables. Sauf les ados. Les ados, ils bouillent. Parce que l'injustice est trop flagrante. Ce n'est alors pas la peine de procéder à un commentaire. Pour eux, c'est tout de suite « Je vais le voir et lui dire mes quatre vérités. » Par contre, les adultes ont appris de la société à se fabriquer une bulle dans laquelle tu ne rentres pas si facilement. Il faut la percer. On peut la percer brutalement. J'ai essayé : « Allez, on y va, allez ! » Et puis, avec Raphaël, le nouveau meneur de jeu de la compagnie nantaise, j'ai appris la douceur, et la douceur de faire éclater la bulle comme si c'était une bulle de savon et non pas une bulle de béton. « Allez ! Qu'est-ce qu'on risque ? Rien. La scène est là. Vous la voyez. » Et là (c'est tout le dialogue interne du meneur de jeu), on est dans un dialogue, un dialogue confraternel. « Je sais que vous allez pouvoir vous exprimer vraiment, parce que la personne avec qui vous avez envie de jouter va vous renvoyer quelque chose. Et vous le percevez dès le début. » Donc comment faire pour que tout d'un coup cette parole jaillisse, alors que le barrage est mis ? Ça, c'est le questionnement du Joker, à mon avis. Comment percer le barrage pour ne pas qu'il y ait une logorrhée verbale d'un gars qui va en profiter pour confisquer la parole et asséner des leçons sur la thématique, et pas la problématique. C'est-à-dire qu'il va donner la leçon sur la thématique. Parce qu'il sait, c'est un sachant. Mais un sachant qui ne veut pas expérimenter. Il y a des sachants qui expérimentent. J'en ai eu. Je leur demande : « Comment on fait pour passer du savoir à l'expérimentation ? » Bon. Ils viennent. Il y en a qui refusent. « Non, non, ne me demandez pas ça. Je leur dis alors : « Donc, taisez-vous. »

Isabelle : C'est ça. « Si vous n'expérimentez pas, on ne saura pas si ça marche ou pas. Ce n'est pas la peine de juste causer. »

Gilles : Comment on arrive à ce jaillissement de la parole ? Je pense qu'il faut considérer que l'adulte, les personnages spectateurs, je le répète, ont tous une bulle qui se renforce petit à petit dans le spectacle. À la fin de l'échauffement ils ont lâché un peu leur bulle, mais elle reprend pendant la vision de la fiction et au moment où le Joker arrive devant la masse des spectateurs... Puis, pan ! pfout ! La bulle se dégonfle à nouveau. Et tout ça, c'est une affaire de respiration, de contact avec le public. C'est peut-être le fait d'être présent. Comment l'acteur est présent, comment il s'enfonce dans le sol de la salle dans laquelle il est. Moi j'ai toujours arpenté la salle avant de jouer. Je connais la salle. Les comédiens connaissent la scène, moi c'est mon job de connaître la salle. Je pense que le Joker et le comédien ont les mêmes pratiques : il faut être ancré dans le sol. Il faut être là, aujourd'hui. Il ne faut pas penser au spectacle qu'il va y avoir le lendemain. Il ne faut pas penser au nouveau projet... Non. Tu es là, présent. Tu joues un rôle. Les spectateurs le savent. Tu as fait le clown, tu as dit des conneries avant, il savent que tu joues, mais ils se disent « Il est là ; il est avec nous. » On établit une confiance.

Dans les années 2010, je me suis aperçu qu'il y avait des difficultés à ce que les gens puissent venir sur scène facilement. Il leur fallait un accompagnement. Attention : un accompagnement, et pas un cocooning, parce qu'autrement on était chez les Bisounours ; ça ne nous intéressait pas. Par contre, un accompagnement, moi je sais que tactilement... j'ai beaucoup touché. J'adorais ça. Prendre les gens par la main, les amener sur scène, parler... À partir du moment où ils sont sur leur chaise, tu leur parles, et dès que tu sais qu'ils vont venir, ils ont besoin d'un accompagnement verbal vers toi. Il faut que tu accompagnes : « Excusez-moi, vous n'avez pas de place, mais madame va bouger... » Et tu enrobes leur venue sur scène par ça. Le spectateur a fait un effort énorme, puisqu'il t'a parlé d'une solution possible. S'il a parlé d'une solution possible, c'est qu'elle est dans sa tête. On ne va pas plus loin. On l'amène maintenant. Comme s'il était accompagné par ta parole. Comme s'il était touché...

Isabelle : Tu fais « hop ! » et tu fais comme si c'était déjà acquis. Il va dans ton sillon. Et puis tu es déjà en train d'anticiper.

Gilles : Tu l'emmènes, tu l'englobes dans une parole. Et dans un sillage. C'est Moïse et la traversée des eaux. Le forum lui-même, complet, s'apparente à un fleuve. C'est pour ça que je disais ça. À un moment donné, il y a une source. Si cette source est tarie, putain de Dieu... retrouver une autre source, c'est incroyable. Les comédiens sont là, en train de te regarder... tu rames. Parce qu'on a cru que la première source jaillirait. Mais là : plouf, niet, pas possible. Une espèce de ronchon, de cadavre, qui s'empare du spectateur, qui le bloque. Par contre, si tu as le premier, tu te dis : « Après, ça va arriver. »
L'inquiétude, quand tu as un forum devant toi, c'est quand tout le monde acquiesce à ce qui a été proposé. Moi j'ai l'habitude de demander : « Qu'est-ce que vous avez pensé de ce que vous avez vu ? » Je laisse les spectateurs parler. Parce que c'est dans ces moments-là que le spectateur va pouvoir me parler à moi de ce que l'autre a mal fait. Il ne peut pas lui dire directement. Il ne peut pas dire : « Monsieur, ou Madame, ou jeune homme, ou mon copain, a fait une connerie sur scène. » Non, il me le dira à moi. « Ouais, j'aurais fait différemment. J'aurais pas fait comme ça. » Là, c'est le deuxième harpon. C'est une deuxième visite de la salle, ça. Là aussi, attention à la paresse du Joker. Quand il se dit que tout va bien. Quand tout s'enchaîne... Ah putain, ils te parlent, ils sont pédagogiques, ils ont prévu la première scène, ils ont vécu la deuxième... C'est génial !

Isabelle : « L'euphorie groupale », j'appelle ça.

Gilles : C'est ce que j'appelle « la paresse ». Tu te mets dans un rythme, bon, et puis ça marche. Et là, problème, le fleuve devient fleuve avant d'avoir été ruisseau ! Là, on est dans un calme plat ! On est dans le « lac ridé », moi j'appelle ça.

Isabelle : Du coup tout le monde est d'accord sur une bonne formule qui en fait n'est pas une analyse. Les gens sont juste portés par le succès de la personne qui est montée sur le plateau.

Gilles : Et à ce moment-là il faut oser ouvrir un autre pas de côté. C'est pour ça que je dis qu'on n'est pas animateur. Parce qu'on va oser quelque chose qu'un animateur ne s'autorisera jamais, c'est poser une autre question, à un autre endroit, un autre personnage. Donc, casser cette paresse.

Urgence et somnolence

Vous le savez ô combien, comédiens et comédiennes de théâtre-forum, nous travaillons souvent dans l'urgence. La commande arrive rarement des mois à l'avance, ce qui nous donnerait davantage de temps pour nous préparer. De plus, le commanditaire veut traiter son sujet dans des délais très courts, notre budget spectacle est parfois tellement serré que nous ne disposons pas de beaucoup de temps de répétitions...
Certains spectateurs peuvent eux aussi être pressés de déposer leur parole et s'impatienter si on prend le temps de l'analyse et du débat. Il faut alors savoir gérer ces salles bouillonnantes. À l'inverse, nous avons parfois affaire à des salles mutiques, somnolentes. Personnellement, c'est ce que je crains le plus. Dans les deux cas de figure, il est important pour le Joker de savoir décoder la posture corporelle des spectateurs, afin de pallier les désagréments d'une salle qui s'excite ou qui ronfle.

Gilles : Il y a un moment qui me paraît important pour le meneur de jeu, quand il est devant ses spectateurs, c'est de se méfier de l'urgence. Elle se manifeste par le trépignement du spectateur qui veut intervenir et qui empêche les autres de le faire. Chez les ados, c'est très fréquent. Tout d'un coup, ils se sont aperçus que ce n'est pas dangereux, donc ils veulent y aller. Et ils trépignent... Attention à ces gens qui trépignent. Il faut provoquer un arrêt, des silences... Moi j'adore provoquer des silences complètement et attendre la reprise. Ça, c'est un truc.
Tu as également parlé de la somnolence du spectateur, la torpeur. Putain, comment tu fais au bout d'une heure que tu sais qu'ils somnolent tous ?
Et puis il y a un truc qui m'intéresse beaucoup, beaucoup, c'est le corps des spectateurs pendant le forum. Comment il s'agite... Ils sont dans un état – de la torpeur, de la sidération... Tu as tous les états possibles. Et donc tu te demandes : « Par qui je commence ? » Par quel hasard je vais porter mon premier regard sur celui-là ou celui-là ? Parce que je l'ai vu s'agiter... Je regarde beaucoup les spectateurs pendant la fiction. Je ne regarde pas la scène. J'ai un œil sur les spectateurs. Et je sais qu'eux me regardent, d'ailleurs. Tu te dis : « Comment cette parole va jaillir ? »

L'intérêt pour moi - je reviens là-dessus - c'est de faire jaillir une parole que tu n'attendais pas. Quelqu'un qui, à la fin du spectacle, va venir et va faire une conclusion dont tu ne t'attendais pas, parce qu'il n'avait jamais manifesté l'ombre d'un sourcil levé. Il était totalement de marbre. Il était poreux, à ce moment-là. Il mettait en ordre. Et à la fin, tout d'un coup il vient sur scène. C'est là que c'est intéressant.

Isabelle : Oui, il lui a fallu du temps pour se mettre en route. Mais a contrario, ce n'est pas un hasard si une séance de théâtre-forum, c'est une heure et demie, pas plus. Après, tu vas au-delà de l'attention des gens. Il faut être sensible à ces signes, ou de fatigue, ou de désintérêt, qui commencent à s'installer.

La troupe de théâtre-forum ou la famille forum

En conclusion de ce chapitre sur ce que je voudrais vous dire, collègues comédiens, j'insisterai sur une idée importante qui apportera un contrepoint à ma posture de vieille théâtreforumienne agacée et un tantinet ronchonne, plus prompte à repérer ce qui ne fonctionne pas que ce qui marche :

Je veux parler de la compagnie de théâtre-forum, véritable famille, même pour quelques courts moments, même pour quelques cachets d'intermittent.e du spectacle.

Je veux parler de la super ambiance au sein de la compagnie TENFOR, qui a perduré pendant trente-trois ans, qui est toujours présente, malgré de très rares moments de tensions, et qui contribue à fidéliser un nombre important de comédiennes et de comédiens de toutes les générations.

Il est fondamental d'être content.e de travailler les un.e.s avec les autres. Le fait de former une grande famille, c'est une plus-value. Ça veut dire qu'on travaille en confiance, que l'on ne pratique pas un théâtre de compétition où on brille en écrasant le collègue. Personne ne va venir faire un casting dans la compagnie pour choisir le meilleur comédien de théâtre-forum. Nous travaillons tous à l'œuvre commune et à notre effacement en face du public. Cette humilité est sans conteste la garantie d'un bon compagnonnage.

VENEZ DIRE AUX COMMANDITAIRES

Dans ce chapitre, Gilles et moi nous adressons particulièrement à vous, commanditaires, qui faites appel aux compagnies de théâtre-forum, à vous qui avez un besoin de « dire » sans connaître vraiment le moyen de le faire, c'est-à-dire cette forme théâtrale ni ses enjeux.

Bien sûr, les collègues comédiens et comédiennes pourront, là encore, trouver des éclaircissements dans la relation de la compagnie de théâtre-forum à la commande.

Et les simplement curieux et curieuses sont également bienvenu.e.s !

Posture, commande et publics du commanditaire

Que l'on se place de votre côté, commanditaire, ou de la nôtre, compagnie de théâtre-forum, la priorité, c'est le public.
Il semblerait donc que notre but à tous soit le même.
En réalité ce n'est pas le cas. Nos objectifs diffèrent.

Commanditaire, vous voulez répondre aux difficultés que rencontre votre public. Mais vous pouvez aussi vouloir résoudre un problème que vous pose celui-ci, comme, par exemple, les incivilités à l'université ou dans les services publics. Vous pouvez également vouloir vous saisir d'une opportunité, d'une possibilité de subventionnement pour aborder une thématique « à la mode », sans savoir si cette thématique correspond à un désir ou un besoin du public. Les élèves de votre lycée ont-ils envie ou besoin de parler de leurs problèmes liés à l'alcool ? Pas forcément. Leurs besoins sont peut-être ailleurs.
Dans tous les cas, vous partez d'un constat. Vous avez décelé une problématique qui touche votre public, ou qui touche votre relation audit public. Votre objectif est de tenter de la résoudre et, ce faisant, de faire passer un message à votre public. Ce message peut être : « Je vous ai compris », « Je prends en compte votre problème », « J'ai les moyens de vous aider à le résoudre. » Mais il peut être aussi : « Il faut absolument que vous modifiiez votre comportement. »
Vous penserez peut-être, en toute bonne-foi, que le théâtre-forum doit servir ce message et être votre porte-paroles, votre relais.

La troupe de théâtre-forum a, quant à elle - nous l'avons vu précédemment - un objectif éminemment politique, voire révolutionnaire : aider les opprimé.e.s à trouver des éléments de résolutions de leurs oppressions.
Dans le pire des cas, elle utilisera le théâtre-forum comme un outil de propagande, une leçon de révolution. Ce faisant, elle passera à côté de la nature démocratique du forum, qui est de laisser le peuple décider par lui-même - et ceci de manière collective, non excluante - de sa manière

d'avancer. Comme vous, commanditaire, la troupe voudra délivrer son message.
Dans le meilleur des cas, et c'est celui que je défends, au contraire, elle créditera le public de sa capacité à résoudre par lui-même ses difficultés, de la manière qui lui semblera la meilleure, et surtout, collectivement, en incluant toutes les sensibilités politiques et philosophiques de tous les spectateurs. Elle ne délivrera pas de message mais sera au service de toutes les paroles. Par conséquent, la compagnie de théâtre-forum ne demandera pas au public de changer son comportement pour qu'il soit conforme à ce que vous souhaitez, vous, commanditaire.
C'est là qu'il peut être difficile de comprendre notre posture. Je ne dis pas que nous, compagnies de théâtre-forum, ne souhaitons pas que les choses évoluent - bien au contraire ! - mais que nous ne pouvons pas aider à cette transformation en délivrant un message.
Le mot clé du théâtre-forum est « oppression ». Donc il s'agit de voir qui est vraiment opprimé. Au moment de la commande, bien en amont de la représentation, la compagnie doit déterminer avec vous l'oppression que vit votre public ou dont celui-ci peut être témoin, et la mettre en scène. Puis elle interrogera les spectateurs sur leur interprétation de la situation présentée. Y-a-t-il selon eux une oppression ? Si oui, ont-ils des propositions à faire pour la résoudre ?
En résumé, nous, compagnie, ne sommes pas votre porte-paroles mais celui du public.

Par conséquent, pour que la séance de théâtre-forum fonctionne, il faut que les planètes soient alignées, c'est-à-dire que vous et nous, par-delà nos objectifs différents, ayons le même projet de proposer une séance de théâtre-forum à un public volontaire et considéré comme mature - même quand il est jeune - afin de résoudre une problématique qui le concerne lui, et pas vous ou nous. Vous pouvez inclure la séance de théâtre-forum dans un projet global de communication autour d'une thématique que vous voulez porter, et où vous aurez pressenti une ou plusieurs oppressions.

Pour travailler à ce projet commun, mettons alors les choses au clair et passons déjà en revue les différents types de commanditaires que vous êtes, les attentes que chacun de vous aura vis-à-vis de la séance de théâtre-forum, et comment nous, compagnies de théâtre-forum, pourrons vous aider.

Vous êtes un commanditaire porte-parole des opprimé.e.s

C'est la forme de commanditaire aujourd'hui la moins courante. Cependant, elle peut encore exister. Je suis d'ailleurs, à l'heure où j'écris, en train de travailler sur une commande d'agricultrices qui veulent témoigner de l'attitude sexiste de leurs collègues ou clients masculins – et parfois féminins. Elles veulent lutter contre les stéréotypes et les discriminations dont elles sont elles-mêmes victimes, comme de nombreuses femmes dans leur profession.

Dans les années 70, elles auraient probablement pris la parole en direct et se seraient saisies elles-mêmes de l'outil théâtre-forum. D'ailleurs, il est intéressant de noter qu'elles m'ont fait de nombreuses propositions scéniques, avant que je leur demande, agacée (oui, je sais, je suis souvent agacée), de laisser la compagnie agir pour cet aspect du travail. Je leur ai dit que si elles nous choisissaient comme porte-voix, il fallait qu'elles nous fassent confiance dans notre expertise à la fois du plateau et du forum. Elles ont convenu qu'il fallait que chacun.e reste à sa place : elles dans leur métier d'agricultrice et leurs témoignages, nous dans notre métier de comédien.ne.s de théâtre-forum.

Votre attente à vous, commanditaire porte-paroles des opprimé.e.s, est simple : que la compagnie de théâtre-forum relaye le propos, fasse circuler la parole et vous aide à ce que des amorces de solutions émergent. Votre public est directement concerné par les oppressions.

Nous pouvons facilement nous rejoindre dans cette commande.

Vous êtes un commanditaire pédagogue

Nous avons souvent l'occasion de répondre à des commandes qui émanent de l'Éducation nationale, qu'il s'agisse de collèges, lycées, universités ou écoles postbac. Plus rarement – mais cela peut arriver – nous avons des demandes d'écoles primaires. Si le sujet s'y prête, nous pouvons alors intervenir dans les classes de CM1, CM2.
Je range également dans la catégorie des pédagogues les commanditaires issus de l'Éducation populaire.

Vous, commanditaire pédagogue, avez fait le constat d'une problématique touchant votre public. Ces problématiques couvrent tous les champs de l'éducation à la citoyenneté : lutte contre le harcèlement, pour la laïcité, contre les comportements sexistes, racistes ou homophobes, etc.
J'ai pu noter, en passant, que souvent vous avez une appréciation fausse de la thématique de la lutte contre les discriminations. Vous parlez en effet d'élèves se « discriminant entre eux », et il m'arrive régulièrement d'avoir à expliquer que ce que vous prenez pour de la discrimination est en fait, en droit, du harcèlement. Fin de la parenthèse.
Vous êtes également demandeurs de théâtre-forum pour traiter de questions de santé ou d'incivilités.
Quelle que soit la thématique, vous avez une attente pédagogique. Vous voulez que cessent les comportements inopportuns, inciviques ou préjudiciables à la santé de votre public. Vous voulez prévenir et informer. C'est normal ; c'est votre rôle.
Or, je le répète, la compagnie de théâtre-forum, elle, a pour objectif de lutter contre une oppression, pas de donner une leçon de quelque nature qu'elle soit, même si cette leçon est bienveillante et utile. La compagnie n'est d'ailleurs pas qualifiée pour cela, même si elle a été parfois mandatée, par le biais d'une subvention, par exemple, pour intervenir dans le cadre d'une action de prévention.
Le problème est donc le suivant : Comment pouvons-nous répondre à votre demande pédagogique sans faire nous-même de la pédagogie ?

Ma réponse est que compagnies et commanditaires doivent avoir bien en tête que le théâtre-forum est juste un élément du projet pédagogique du commanditaire. Il fait partie de l'arsenal développé par celui-ci pour délivrer son message et servir son projet. Mais en lui-même, il n'est pas un outil pédagogique.
La difficulté, c'est que commanditaires et subventionneurs - et parfois même compagnies - sont ignorants du rôle du théâtre-forum. Ils imposent donc des objectifs inappropriés aux compagnies qui répondent à la commande. Ainsi, dans cet exemple d'une commande sur la problématique des addictions chez les lycéens et étudiants, ils libellent le cahier des charges de la compagnie de théâtre-forum comme ceci :

- *AXES de prévention choisis pour le spectacle* : Ce n'est pas le rôle du théâtre-forum de faire de la prévention. Le spectacle mettra plutôt au jour les oppressions subies par les personnes dans le cadre de cette thématique de santé.
- *Développer les capacités des individus à faire des choix favorables à leur santé, à renforcer l'estime d'eux-mêmes et la qualité de leurs relations avec les autres, leur insertion dans la société et leur capacité à demander de l'aide* : Une séance de théâtre-forum, ou même un atelier en plusieurs séances, ne transforme pas un individu, même jeune. Et de toute manière, nous ne sommes pas des éducateurs.
- *Informer, modifier les représentations qui présentent les produits dangereux sous un jour favorable ou comme faisant inévitablement partie des pratiques sociales* : Le théâtre-forum n'est pas là pour informer. Nous ne sommes pas des spécialistes des addictions. Quant à « modifier les représentations », ce n'est pas en faisant la leçon que nous arriverons à lutter contre les stéréotypes.
- *Interroger sur : leurs croyances relatives à la banalité de la consommation de substances psychoactives ; leur perception des risques et des avantages ; leurs attentes liées à la*

consommation de substances psychoactives ; les influences sociales pesant sur la consommation de substances psychoactives (par ex. famille, médias et pairs). Ici, il semblerait que nous soyons davantage dans notre cœur de pratique, puisqu'il s'agit d'interroger, de soulever une problématique. Mais c'est un piège. En effet, la conclusion que le public doit tirer de cette interrogation sur des problématiques de santé est fermée parce qu'attendue. À nouveau, nous sommes dans la pédagogie, c'est-à-dire dans l'idée d'éclairer le public sur les dangers de la prise de substances. De plus, pour que le forum fonctionne, comme le dit Boal, l'oppression ne doit pas être abstraite. Les situations d'oppressions doivent être factuelles, précises. Le théâtre-forum interroge les spectateurs et les spectatrices, certes, mais sur une situation précise, pas sur leurs croyances, leur perception générale, leur analyse globale sur les faits de société.

C'est à la suite de ce genre de malentendus tels que cette grille de cahier des charges, que la compagnie, le ou la dramaturge, ayant réussi à obtenir le marché ou la commande, s'engouffrent dans le pédagogisme. Avec candeur et naïveté, la compagnie, à votre demande, dira au Joker que son objectif est de demander aux spectateurs de définir leurs croyances sur les produits. Et voilà notre meneur, notre meneuse de jeu bien embarrassé.e. Au lieu de faire monter sur le plateau des personnes qui viendront tester des solutions, il ou elle les fera discuter depuis la chaise. Cette discussion sera d'ailleurs de très courte durée. Seuls les bons élèves répondront de la manière que vous attendez. Qui va en effet témoigner de son intimité et de sa prise de substance devant cinquante, quatre-vingt, cent cinquante personnes ?
Là encore, le problème est que, en amont, lors de la commande, au cours des discussions entre vous, commanditaire, et nous, la compagnie,

l'oppression que peut vivre le public de la séance de théâtre-forum n'a pas été déterminée. Seul le message pédagogique ou de prévention est délivré. Or on ne peut pas faire de forum sans situations d'oppression.

Une conséquence pratico-pratique de cette constatation que nous ne sommes pas des pédagogues, c'est la manière d'accueillir les scolaires au début de la représentation. Pour moi, il n'est pas question de les guider vers leurs chaises, en les incitant vigoureusement à occuper en priorité le premier rang. C'est certes plus pratique pour le déroulé de la séance, mais ce n'est pas notre rôle. C'est celui des professeurs et des surveillants qui accompagnent les classes. On ne peut pas élever la voix pour se faire obéir, houspiller les récalcitrants, et dans la même foulée inciter à la prise de parole. On ne peut pas non plus à la fois réclamer le silence comme si l'on était dans une salle de classe et traiter les élèves comme des spectateurs matures. Le public est notre partenaire ; on ne doit pas l'engueuler. Même notre manière de taquiner les spectateurices – certains comédiens, certaines comédiennes ont ce comportement envers les scolaires – est à doser. S'agit-il d'une complicité que nous utilisons quel que soit le type de public et qui vise à installer une ambiance décontractée ? Dans ce cas, soit, pourquoi pas. Mais si nous n'avons cette attitude que lorsqu'il s'agit de jeunes, je pense qu'elle est à proscrire. Je suis même très dubitative à l'égard du tutoiement. Les jeunes spectateurs ne sont ni nos copains, ni nos enfants, ni nos élèves. S'ils nous ont vus comme des enseignants ou des pions bis, ils vont agir avec toute la provocation dont ils font usage en situation scolaire. De plus, si nous prenons la place des profs, très souvent ces derniers se sentent dégagés de leur fonction pendant la séance. Certains alors ne se soucient plus d'intervenir en cas de chahut, en profitent pour corriger leurs copies... ou pour ne pas être dans la salle.

Si vous êtes commanditaire de l'Éducation populaire, centre social, maison de quartier, centre d'accueil des jeunes, etc., le défi majeur sera pour nous, comédiens de théâtre-forum de vous faire comprendre que nous ne sommes pas des animateurs et animatrices. Là encore, ce n'est

pas à la compagnie à gérer la discipline pendant les représentations, à nous occuper des goûters pendant les ateliers, à aller chercher les jeunes à la sortie de l'école pour les emmener en atelier théâtre-forum...
Nous reviendrons plus tard dans cet ouvrage sur la question du prix de la prestation. Je veux juste souligner ici que si vous ne comprenez pas le rôle du théâtre-forum, vous serez tenté d'indexer ce prix à la rétribution de l'animation, laquelle est, tout le monde le sait, très basse.

Le théâtre forum n'est pas de la pédagogie

Gilles : Quel est le principe de base ? C'est avoir confiance dans le spectateur pour qu'il donne une thèse et qu'il amène des solutions à un questionnement. Il faut avoir confiance en lui. Si tu n'as pas confiance dans ce public qui est en face de toi, si on t'a dit : « Ils sont tout nouveaux dans le thème, il faudra peut-être les aider », tu ne peux pas faire du forum. Tu fais un acte pédagogique. Moi j'ai toujours dit que le théâtre-forum, ce n'est pas de la pédagogie. Parce que le comédien, quand il est face à un spectateur, il n'est pas instit'. Il est comédien. Il faut qu'il reste comédien. Il garde son personnage, il garde sa logique de personnage, et il attend que le spectateur rentre dans cette logique-là. Si le spectateur ne rentre pas dans cette logique-là, on n'a pas à aller le chercher. On va peut-être aller le chercher parce qu'il bredouille, parce qu'il commence juste à avoir cette idée-là. Alors on va essayer de le titiller pour qu'il amène cette parole au bout. Mais s'il ne veut pas amener sa parole ou une parole contradictoire en face d'un comédien, eh bien on le laisse tranquille.

Vous êtes un commanditaire soignant ou accompagnant

Vous êtes alors issu du monde associatif, avez une mission de santé publique ou d'accompagnement. Il peut s'agir de jeunes, de personnes âgées, de personnes en précarité, etc. Votre demande est de mettre au jour les difficultés de votre public, de l'inciter à témoigner et à trouver les ressources pour se sortir d'affaire. Dans ce cas de figure, vous avez clairement identifié l'oppression, et votre public l'identifiera très probablement aussi au moment de la représentation.
Les difficultés ne viendront donc pas de votre envie de délivrer une leçon. Elles seront plutôt liées à la manière que nous aurons, nous, compagnie de théâtre-forum, de considérer votre public.
Par exemple, à l'occasion d'une formation à la thématique de la Lutte contre les discriminations via l'outil théâtre-forum que j'ai menée auprès de compagnies de théâtre-forum, je me suis heurtée à une tendance de certaines Jokers de vouloir cocooner le public de commanditaires « accompagnants », qu'elles considéraient comme fragile. Au lieu de traiter les spectateurices comme des sujets capables d'agir et de se défendre par eux-mêmes, elles en faisaient l'objet de leurs soins maternants. Le recueil de témoignages préalable à l'écriture des scènes devait devenir une occasion pour les personnes de « déposer la parole et d'être entendues dans leur souffrance de discriminées, handicapées ou racisées », la Joker pendant la représentation s'adressait au public de manière compassée, comme s'il se fût agi d'une assemblée de patients…
À un autre moment, je me suis pris le bec – encore ! - avec des comédiennes qui ne voulaient en aucun cas remplacer l'opprimé.e au motif que cela risquait de réactualiser des situations douloureuses. Je n'en croyais pas mes oreilles. Quid du Théâtre de l'Opprimé, si on confisquait la parole de celui-ci ?

Certes, vous, commanditaire, pouvez également avoir cette tentation de la protection à outrance. Mais vous avez l'excuse de ne pas connaître le principe du théâtre-forum !

À ces précautions complètement déplacées, je réponds aux unes et aux autres qu'évidemment un cadre doit être posé pour que le public converse en toute sérénité, sans risquer d'être invectivé et agressé, sans que sa parole soit étouffée. Mais la séance qui va avoir lieu n'est pas un psychodrame. La scène modèle n'exposera pas la vie privée des spectateurs. Une distance théâtrale sera construite soigneusement en amont pour créer la distance nécessaire à un débat citoyen. Là encore, il faut créditer les spectateurs, les spectatrices, de la capacité de s'exprimer sur un sujet parfois difficile, qui les concerne, sans qu'il soit nécessaire de les couver. Et dans tous les cas, nous, compagnies de théâtre-forum, ne sommes ni outillées ni formées pour nous transformer en psychologues d'une salle.

Vous êtes un commanditaire militant

Vous avez parfois - et même régulièrement - une demande militante. Loin de moi l'idée de critiquer ce militantisme, qui se justifie largement, vu l'état du monde. Mais le militantisme ne doit pas être présent dans une séance de théâtre-forum.
Je reprends un autre exemple de thématiques qui peuvent nous piéger en nous faisant sortir, nous, compagnies, de nos fonctions de théâtreforumien.ne.s, celui du sexisme. Dieu sait que je peux être virulente quand il s'agit de lutter pour la cause des femmes. Cependant lorsqu'un collègue me parle d'un texte difficile à jouer parce que, contrairement à la demande implicite du commanditaire, « la démonstration du sexisme n'est pas clairement évidente », je lui réponds :

« Le problème, c'est qu'on n'a pas à "démontrer". Notre rôle est d'exposer des situations d'oppression et de susciter des interventions. On ne doit pas chercher à convaincre. Si on veut être dans la démonstration, il faut faire appel à un spécialiste des questions de genre, par le biais de conférences, par exemple. Pas en théâtre-forum. Par exemple, dans le texte que as écrit, tu insistes lourdement pour prouver que les mecs sont des cons sexistes. Ok ; et alors ? Cela ne fait pas avancer le schmilblick. L'axe de ton texte aurait dû être : "Comment agir dans des situations précises d'oppressions sexistes ?" »

À nouveau, j'attire votre attention, commanditaires, compagnies de théâtre-forum, sur le fait que le public doit être le principal à percevoir l'oppression et à être intéressé à ce que le sujet soit porté à la cité. Il ne doit pas subir l'injonction de redresseurs de torts venus lui dicter son comportement pour un sujet qui ne lui parle pas.

Vous êtes une entreprise ou une collectivité territoriale

Dans ce cas, l'outil théâtre-forum est souvent utilisé en atelier, pour une analyse de la pratique. Votre direction, les Ressources Humaines, le ou la chargé.e de liaison Entreprises Emploi d'une métropole, par exemple, ont mis au jour une situation problématique dans une équipe, et souhaitent que les personnes concernées s'expriment avec une forme de distance théâtrale.

La technique théâtre-forum marche bien dans ce cas et les éventuels conflits sont abordés de manière plus sereine.

La difficulté peut venir d'abord du fait qu'en tant qu'entreprise vous êtes souvent plus exigeant qu'un autre type de commanditaire en termes de préparation et de compte-rendu. Il est important alors que la personne de la compagnie chargée des relations avec vous ait des compétences importantes dans l'analyse fine de la thématique ou de la situation à traiter, qu'elle soit en capacité de formaliser un projet bien structuré et d'écrire un bilan détaillé. Pour autant, la compagnie ne fera pas le travail d'un consultant. Elle ne pourra pas préconiser une marche à suivre pour résoudre le problème de l'entreprise. Ce sont les stagiaires de l'atelier théâtre-forum qui seront les experts et les éventuels préconisateurs de la mise en place d'une éventuelle démarche de remédiation.

Votre crainte est parfois de récolter par le biais de cette analyse via le théâtre-forum tout un chapelet d'opinions négatives à l'encontre de l'entreprise. Vu comme étant juste un déclencheur de tensions, le remède serait pour vous pire que le mal.

À cette crainte on peut répondre que votre message va être au contraire perçu de manière positive par les personnes qui suivront l'atelier : elles verront que l'entreprise a tenu compte des difficultés de ses salarié.e.s et les a crédité.e.s de la capacité d'analyser et de proposer des solutions. Pour faire court, en faisant recours au théâtre-forum, vous ferez montre d'une politique de délégation qui témoigne de votre intelligence managériale.

Attention, la compagnie n'est pas le porte-parole de l'entreprise. Elle ne peut pas, par exemple, inciter le personnel au changement pour qu'il accepte une mesure de refonte majeure ou des dispositions de casse sociale que l'on voudrait faire passer en douceur... Nous sommes avant tout au service du public. C'est une question d'éthique.

Vous voulez des pompiers

À TENFOR, on nous a demandé - et on nous demande encore - d'intervenir pour résoudre une crise importante à l'intérieur d'une structure, qu'il s'agisse d'un établissement scolaire, d'un centre social, d'une entreprise... Je raconte dans mon livre *Contribution d'une ouvrière du théâtre au bonheur du monde* une expérience de ce genre dans un collège où les professeurs n'arrivaient plus à faire façon d'une classe qui était parasitée par un jeune très perturbateur. Nous étions leurs seuls recours ![25]

Gilles a également de ces souvenirs d'interventions de secours.

Gilles : Dans mon *Dictionnaire poétique du théâtre-forum*, je dis : « On n'est pas des pompiers. ». Le théâtre-forum n'est pas là pour éteindre le feu.

Je me souviens que, pendant mes premières années de théâtre-forum, dans la Loire, on avait à charge de faire un travail avec les enseignants - et avec les élèves évidemment. Je me retrouve devant le comité inter municipal de la prévention de la délinquance. Il fallait absolument aborder le vol de mobylettes. Bon. Je leur dis : « D'accord. Je vais voir la compagnie (c'était une compagnie amateur). Il faut absolument savoir si ce thème-là leur va, si on peut créer quelque chose autour de ça. Vous m'avez donné des détails, vous voulez travailler avec cette compagnie de théâtre amateure, on fera avec eux d'abord. »

Je savais quasiment ce qu'ils allaient dire dans la compagnie, et évidemment, l'idée a été vraiment partagée par tout le monde, de constater : « On ne peut pas jouer ça, parce qu'on va mettre en danger les spectateurs. » Parce que parmi eux, il y avait des gens qui volaient des mobylettes. Donc qu'est-ce qu'on va faire ? On va faire de la morale ? Jouer les flics ? Et puis le vol des mobylettes, c'est du ressort de la justice ! Il n'y a pas de discussion ! Donc on n'est pas des pompiers, on n'est pas des gendarmes.

---

[25] In « Collège 3, Mission impossible », de la p 216 à 231.

Il y a eu un autre moment avec cette même compagnie. C'était l'époque où il fallait distribuer des préservatifs partout. Donc le comité intermunicipal nous dit : « Il faut faire un truc sur la sexualité, donc distribution de capotes. » Alors je vais revoir la compagnie, et là, l'animateur de la compagnie me dit : « Tu sais qu'un jour, on est arrivé avec une boîte de préservatifs dans un quartier, et c'était d'une violence ! Parce que les jeunes garçons en étaient à la misère sexuelle. Par conséquent ils n'avaient pas de sexualité. Et tu leur proposais généreusement des préservatifs gratuits ? Mais c'était les blesser ! C'était les meurtrir ! »
Là on n'était pas pompiers, on était pyromanes !

Isabelle : Dans les deux cas tu ne parles pas des besoins, ou des demandes du public lui-même. Le forum doit venir quelque part du public. Même si c'est une commande, il faut que ça corresponde à un désir du public de parler de ça. Dans l'exemple que tu donnes, les jeunes n'ont pas envie de parler de capotes ou de protection, ils ont envie de parler de la relation. Ils ont envie de parler de comment faire pour avoir une sexualité.

Gilles : Je veux juste te dire que dans les deux cas on a travaillé, on a reproposé un projet différent, qui a été accepté. Adaptation à la réalité, adaptation à la demande. Mais l'histoire des capotes s'est finalement révélée intéressante, comme l'a fait remarquer l'animateur de la compagnie : « C'est important, quand même, que ces gamins savent que ça existe, ces capotes. » On a pris le prétexte de la commande sur la sexualité pour plutôt parler de la rencontre. Mais on aurait pu mettre le feu aux poudres. Dans les deux cas.

L'injonction du vivre-ensemble et de la catharsis

La commande est le reflet d'un état de la société, qu'il s'agisse de préoccupations éthiques, philosophiques ou de simples effets de mode. Il peut s'avérer compliqué pour vous, commanditaire, de résister à ces injonctions sociétales. Gilles a sur ce sujet une réflexion qui me paraît intéressante.

Gilles : J'ai écrit mon article « La controverse », à partir d'une révolte de ma part, quand j'ai vu l'injonction du « vivre-ensemble ». Et vivre-ensemble avec un trait d'union. Et à ce sujet, ce « vivre-ensemble », c'est « comment arriver à faire une juxtaposition des ensembles pour qu'il n'y ait pas de controverses, de complications, de violence, et donc on va (*sur un ton autoritaire, martial*) VIVRE-ENSEMBLE !!. » Alors qu'il s'agit, je pense, au théâtre-forum, de vivre ensemble. Ou d'être ensemble. Ou de savoir faire ensemble. Sans tiret. L'injonction « il faut qu'on vive-ensemble », c'est la négation de la mission du théâtre-forum. C'est « je ne partage pas tes opinions, mais pour vivre ensemble nous allons accepter que tes opinions soient à côté des miennes, et je ne viendrai pas t'emmerder. » C'est vachement bien. Ça s'appelle les ghettos. « Respecte-moi, je te respecterai, on est bien d'accord, mais nous allons vivre côte à côte ensemble sans se parler. On mettra des murs, même, entre les deux, comme ça on ne se verra même pas, et on cohabitera. » Et cette injonction m'a fait bondir. L'intérêt, c'est de créer des ponts, des tunnels, des portes, des fenêtres, les éléments pour qu'on puisse amener chacun des camps de la controverse à se parler, à vivre dans le même espace.

Isabelle : C'est pour ça que je dis qu'il est important de dépasser l'opinion. Et d'ailleurs la thématique de la laïcité est exemplaire sur les questions que tu as posées sur le vivre ensemble. Parce que les injonctions, en sous-titre du vivre-ensemble, c'est « Vous, les musulmans, vivez comme nous. » C'est ça qui est sous-tendu.

Gilles : Et si on ne fait pas ça, on met un mur.

Isabelle : Exactement. Et puis il y a aussi d'autres murs possibles. Dès lors que tu vas évoquer l'homosexualité devant les musulmans...

Gilles : ... c'est un mur.

Isabelle : Je me suis demandée comment on allait s'en dépatouiller, dans notre spectacle sur la laïcité. Parce qu'il y avait cette crainte de la part du commanditaire de l'explosion sociale, du débordement des spectateurs, d'entendre de leur part des choses qui allaient le choquer, que « les hommes et les femmes, c'est pas pareil », peu importe... Comment on arrive quand même à faire forum là-dessus et à poser les problématiques d'injustice, ou du non-respect du droit, ce qui est une forme d'injustice ? Et je pense qu'il y a quelque chose que moi j'aime bien investiguer, qui est cette notion de thème périphérique. Par exemple, un lycéen me dit : « Mais l'homosexualité, c'est pas normal. Je comprends que votre personnage parent d'élève catholique refuse qu'on aborde le sujet en cours d'éducation civique dans le cadre de la lutte contre l'homophobie. ». Comment lui dire à la fois : « Ok, vous avez cette appréciation du monde, que peut-être d'autres ne partagent pas », mais aussi « Ce n'est pas ça le sujet, là, maintenant. » Comment on peut arriver à discuter ensemble et à concevoir que peut-être on peut trouver des solutions très concrètes. Faire avec cette homophobie latente, accepter que ça existe, mais se dire que malgré tout on va faire ensemble. À la fin du forum, ce que je trouve génial, c'est que le lycéen m'ait dit : « On n'était pas forcément d'accord, on n'a pas la même vision du monde, mais on est conscient qu'il y a des problématiques et des injustices et on va essayer de les résoudre ensemble. » Arriver, dans la séance de théâtre-forum, à avoir ce moment-là, où on n'est pas tous d'accord, mais où effectivement on vit ensemble.

Gilles : On vit ensemble. Tu ne peux pas mettre de tiret, là. « On vit ensemble », c'est incarné. Alors que le « vivre-ensemble »...

Isabelle : C'est une notion, c'est un fantasme, une opinion.

Gilles : C'est une injonction.

Isabelle : À partir du moment où il y a une injonction, c'est hors-sol. Dans le théâtre-forum on est dans du réel. C'est terrible à dire, mais c'est ainsi : on est obligé de passer par une fiction pour être dans les faits.

Gilles : Comment la distance théâtrale peut amener à ce qu'on puisse voir beaucoup de manières, on va dire, apaisées, sereines, et sans haine.

Isabelle : Ça, nous, avec la pratique du théâtre-forum depuis tant d'années, on s'en rend compte, de ce que ça apporte, de ce que ça peut apporter, d'apaisement, de regard qui aide à trouver des solutions communes, etc. Mais ce n'est pas connu du commanditaire. Là où on est en explication, en pédagogie, avec les commanditaires et les publics, c'est quand on leur dit : « Écoutez, ça sert à ça, le théâtre-forum. » Parce que le commanditaire, lui, vient pour la catharsis. « On va se transformer comme ça. ». « La salle doit aller dans ce sens-là. »

Gilles : Depuis que j'ai mis en place des forums avec des textes écrits à partir de mythologies, les commanditaires me disent : « Ouh là, mais jusqu'où vous allez aller ?
– Mais je vais jusqu'où vous allez comprendre ! C'est tout. Et puis on parlera de cette violence de la relation humaine de manière apaisée. Il faut qu'on en parle de manière apaisée pendant une heure et demie. »
Mais je pense que les distances théâtrales sont bien vécues à l'heure actuelle par des gens qui découvrent le théâtre-forum, alors que ceux qui l'ont connu dans les années 80 en étaient à cent lieues. Ils étaient proches de la catharsis. Pour eux le théâtre-forum, c'était le premier pas vers la révolution. C'était même pas le moment où on réfléchit à la révolution future. C'était le premier pas. On était révolutionnaire. On amenait la vengeance du peuple, on amenait le peuple à se révolter. Ce jour-là, on allait sortir de la salle ! Or on s'aperçoit, quelques trente ans plus tard,

quarante ans plus tard, que le peuple n'est pas prêt du tout à sortir dans la rue, à suivre. Il restera dans la salle, il verra les comédiens sortir.

Isabelle : Cette histoire de catharsis, je trouve que c'est une sacrée porte d'entrée dans la réflexion. Parce que, oui, le commanditaire souhaite une catharsis, « Moi je souhaite que ça soit fini, le sexisme, les violences faites aux femmes… On va se purger pour qu'on comprenne que c'est pas bien, et on va tous aller boire un coup après. On va communier dans cet état d'esprit-là. ». Ça rejoint mon agacement de départ, vis-à-vis du commanditaire qui ne comprend pas ce truc-là - je pense qu'il faut lui raconter, lui expliquer - et puis aussi l'agacement vis-à-vis de mes collègues, de mes camarades révolutionnaires, dont je comprends bien l'envie de changer le monde, l'urgence. Je suis d'autant plus agacée que je peux partager aussi cette envie, ce désir, mais que je ne partage pas leur idée de purge, de catharsis.

Gilles : On en a peut-être besoin, mais dans la manifestation, dans les urnes, dans la révolte…

Isabelle : Exactement. Ce que je conteste, c'est que ce n'est pas le théâtre-forum qui va être le meilleur vecteur de ça. Ce n'est pas l'intérêt du théâtre-forum. Si tu veux, tu peux faire du théâtre où il y aura de la catharsis, où l'on va tous ensemble être secoués par cette conflagration d'injustice…

Gilles : « Non, plus jamais ça ! »

Isabelle : Ou alors avec cette forme d'exposition conférencière qu'était « La shoah » de Lanzmann. Ce n'est pas du théâtre-forum, Lanzmann. C'est « je vous explique les mécanismes de l'horreur. » Et on a besoin de ça, sans conteste. Mais ce n'est pas intéressant, le théâtre-forum, là-dessus. Ce n'est pas son objectif.

Comment dire oui aux commanditaires

Nous avons vu qu'il pouvait y avoir un hiatus entre la fonction du théâtre-forum et votre demande en tant que commanditaire. Pourtant, il y a des séances de théâtre-forum réussies. Heureusement, c'est l'immense majorité des cas ! Qu'est-ce qui fait de ces séances des réussites ?

La vérification de la commande

C'est le point de départ du projet. Bien souvent malheureusement, nous, compagnies, le bâclons pour des raisons d'urgence ou parce que nous nous imaginons, à tort, qu'un entretien téléphonique est suffisant pour mettre en route la machine. Or il arrive trop souvent que nous nous rendions compte au milieu du gué, ou pire, le jour de la représentation, qu'il y a un malentendu entre nous et vous, commanditaires, et que le spectacle ne correspond pas à ce que vous attendiez.
La difficulté vient souvent d'un manque de problématisation de la thématique.
Je le répète, vous avez envie d'aborder un thème : le sexisme, les violences faites aux femmes, les incivilités, etc. Vous ne voyez pas forcément comment le problématiser, c'est-à-dire comment en faire un sujet de réflexion et de débat. C'est notre travail ! C'est pourquoi il faut mettre en lumière ce qui va découler de votre désir d'aborder ce sujet. Il faut que nous vous demandions si c'est bien tel ou tel débat que vous voulez instaurer. Très souvent, il faudra même resserrer le sujet. Vous voulez évoquer l'Égalité Femmes-Hommes en entreprise ? De quelle manière ? Voulez-vous parler du machisme ordinaire, du harcèlement sexuel, des attitudes inappropriées, de la discrimination ? Il est fondamental de savoir très précisément comment aborder la thématique, parce que c'est ce qui va déterminer ou l'écriture des scènes, ou leur adaptation à la commande, ou leur choix dans le répertoire de la compagnie. Il est en effet hors de question de vous proposer un spectacle couteau-suisse qui parle de tout et de rien. C'est le plus sûr moyen de mettre en difficulté public, comédiens et Joker, qui ne sauront pas sur quelle thématique danser, et d'être à côté de votre propos.
Une des conséquences d'une mauvaise vérification de la commande, c'est le spectacle non adapté au public. J'ai eu assez récemment une très mauvaise surprise de ce genre. J'avais écrit et joké quelques mois auparavant un spectacle sur les violences sexuelles en milieu postbac qui avait très bien fonctionné. Une commune achète alors le spectacle pour

une séance devant un public d'adultes, dans le cadre d'une semaine consacrée aux violences faites aux femmes. Quelle n'a pas été notre stupeur de nous retrouver finalement, le jour J, devant deux classes de 5ème invitées à la dernière minute, avec les parents des jeunes ? La situation, les propos crus, tout était à la fois incompréhensible et choquant pour ce jeune public, qui a néanmoins tenté gentiment de jouer le jeu. J'ai été littéralement traumatisée par ce que j'ai vécu comme une violence à l'égard des élèves, de leurs parents, et de toute notre équipe.

Pour éviter ces situations pénibles, il faut que nous, compagnies, nous assurions à moult reprises que nous avons bien compris votre besoin, que vous avez bien lu les textes, et, le cas échéant, demandé à ce qu'il y ait des adaptations, et enfin que le public soit bien, le jour de la représentation, celui pour lequel le spectacle a été pensé. Nous devons également nous assurer que les conditions sont correctes et que le nombre de spectateurs est réaliste. On ne fait pas de forum à plus de 120 personnes. On ne fait pas de spectacle sans visibilité, donc sans une scène qui, le cas échéant, sera surélevée, ou sans que les spectateurs soient, eux, en surplomb. Ce genre de détails doit être réglé bien en amont, et pas le jour de la représentation.

Pour Gilles, il ne faut jamais dire « non », au départ, à une commande.

Gilles : Comment répondre oui aux demandes. Jamais non, et jamais frileusement. Souvent j'ai décroché une réunion préalable. Et dans cette réunion préalable, si tu dis : « Ouh la, mais on n'est pas des spécialistes ! », ce n'est pas bon. Arrêtons de dire qu'on ne connaît pas le sujet. On ne connaîtra jamais le sujet. Par contre on a une spécialité théâtrale, c'est de traduire le sujet en théâtre. Donc, disons oui.

Isabelle : Le souci, c'est quand on se lance tête baissée dans quelque chose, et que ce n'est pas ça. Le commanditaire a un besoin, une envie, mais il ne sait pas comment, de quelle manière, nous, on peut répondre éventuellement à ce besoin. Donc il est important qu'on interroge. Ce discours préalable est fondamental. Le nombre de fois où on a dit oui et que ce n'était pas du tout ça qu'ils voulaient... Donc ils t'envoient rectifier ta copie, tu as perdu du temps, ou bien, pire, tu te retrouves à jouer un spectacle qui n'est pas du tout approprié.

Gilles : Je rebondis sur « désir » et « besoin ». Quand quelqu'un dit : « J'ai besoin », c'est louche. Par contre s'il te dit : « J'ai envie de », c'est qu'il a un désir. J'ai traité de ce sujet dans mes articles « besoin » et « désir » de mon dictionnaire.

Si, à un moment donné, le commanditaire dit qu'il a envie de faire du théâtre sur la question de l'embauche des femmes dans la société, ça va. Par contre, s'il s'exprime en termes de « besoin » : « Il faut que les jeunes prennent conscience de la situation. » Ça ne marche pas. « Ça ne peut plus durer, faites quelque chose ! » Ça, c'est le besoin. Je vais aller même plus loin : le besoin de compétition et de réalisation. À un moment donné, le commanditaire te dit : « C'est urgent, il faut réussir. Nous ne pouvons rien faire, mais vous, vous pouvez le faire. » L'injonction.

C'est une rencontre, quand même, le théâtre-forum, entre une compagnie de théâtre et un sujet. Si tout d'un coup l'auteur n'a pas ce désir aussi d'écrire... Moi je sais que j'ai eu quelques sujets, pas beaucoup, pour lesquels je n'avais pas le désir d'écrire. J'avais moi-même non pas un désir mais un besoin. Financier.

Isabelle : En fait tu as un attendu qui dépasse le sujet, dans ce que tu me dis. Le commanditaire dit : « On va avoir des subventions de... » ou alors « En ce moment, c'est les violences faites aux femmes, il faut absolument qu'on fasse un sujet là-dessus... ». Ça ne part même pas de son constat à lui, de quelque chose ou d'une envie de, c'est « Il faut qu'on fasse ça. On est tenu de. »

Gilles : C'est la quête d'un projet qui est complètement obsessionnel. « Il faut absolument faire ça », suivi de... « Mais je n'ai pas d'argent. »

Explication de la posture de la compagnie au moment de la commande

Nous l'avons vu précédemment, notre rapport au public, à nous, compagnie de théâtre-forum, est différent du vôtre, commanditaire. Nous n'avons pas les mêmes attentes en ce qui concerne la séance. Par conséquent, pour que celle-ci, atelier ou représentation, soit une réussite, il est important, outre la vérification de votre demande, que nous vous expliquions, au moment même de la commande, quelle va être, au moins dans les grandes lignes, notre posture.
Celle-ci repose essentiellement sur quatre choses : la prise en compte de la pluralité du public, de la complexité du sujet abordé, du caractère fédérateur du théâtre-forum et de l'acceptation de l'inattendu, du hors-cadre, de tout ce chaos qui peut être apporté par les spectateurs, risque que vous pouvez craindre mais qui est essentiel à une réflexion collective.

La pluralité du public

Par définition, le public est pluriel. Le singulier du mot nous incite à l'oublier. Le public changera donc à chaque représentation. Les points de vue seront différents et les solutions qu'apporteront les spectateurs seront variées. Les personnes ne vont donc pas d'une seule voix répondre au questionnement de la même manière, comme vous pourriez l'imaginer. Notre rôle est de prendre en compte cette multiplicité de paroles.

« Le vrai sujet » : un prisme plus large que ce que le commanditaire imagine

Gilles : C'est la rengaine du commanditaire : « Quand est-ce que vous allez enfin aborder le vrai sujet ? Vous avez tourné autour. À tourner autour, les spectateurs ne vont rien comprendre. Même si moi j'ai compris, parce que je suis beaucoup plus évolué. Il faut absolument faire un contenu clair. »

Il faut dire au commanditaire que ce contenu, à un moment donné, passe par une écriture distanciée. Si on affronte le contenu de manière brutale, nous allons à une catastrophe. Donc il faut que ce contenu soit étudié sur plusieurs problématiques, plusieurs questions, et qu'on fasse le tour avant d'aborder l'image centrale dramatique sur laquelle on ne peut plus rien faire.
Ce fameux « contenu », c'est une rhétorique qui fait qu'il y a cinquante pour cent de personnes qui peuvent se dire choquées parce que je n'ai pas abordé le sujet comme elles aimeraient l'aborder, et cinquante autres pour cent de gens qui sont de l'avis exactement contraire, qui me disent que j'ai été beaucoup trop brutal et beaucoup trop direct, et qu'il faudrait passer par des moyens plus distanciés, qui ne blessent pas les spectateurs, qui leur permettent de réagir plus facilement…
À un moment donné, nos commanditaires voient le contenu par leur prisme à eux. Donc il faut leur dire : « Attention, le prisme est plus large que votre prisme à vous. » En même temps, c'est eux qui payent. Donc il faut se prémunir d'un « comité d'écriture » avec des prismes différents, que tout le monde peut alimenter. Ce contenu, d'ouverture quand même pour nous, ouverture sur la réalité, sur les besoins et les désirs des uns et des autres, se heurte au fait que notre théâtre-forum a été phagocyté par des institutions pour devenir outil de prévention. Donc le contenu doit être clair, comme on dit. Le contenu d'une thématique doit être élaboré par les commanditaires et la troupe de théâtre, mais l'auteur de la pièce de théâtre doit se dire : « Élargissons un petit peu le spectre de notre commanditaire. » Parce que sinon on va être outil de prévention. Il ne faut pas faire ça.

Isabelle : Je pense que dans la discussion qu'on a avec le commanditaire, c'est relativement simple. Si tu lui dis : « Écoutez, on va prendre ce qui vous fait réagir et qui est l'objet de la commande. Ça, ça va être traité de manière claire. Cette situation existe. Il faut la montrer. » Il faut lui dire que dans la construction ça peut être intéressant de confronter aussi les regards et la salle sur des choses qui sont peut-être plus masquées, des oppressions…

Gilles : ... périphériques.

Isabelle : C'est souvent des oppressions qui sont là, mais plus ou moins masquées. Jusqu'à même une interrogation ultime : « Est-ce que là il y a eu oppression ? » En général, le commanditaire, s'il est, j'allais dire « honnête », si son désir est vraiment motivé, n'est pas du tout contre le fait de s'interroger sur sa commande. S'il est rassuré sur le cœur de cible de la commande, il se dit que ça va être intéressant de savoir comment son public et puis comment lui aussi appréhendent la totalité du sujet, y compris dans des parts d'ombre où il n'a pas voulu aller.

Gilles : C'est pour ça que j'utilise toujours le mot « périphérique ». Parce qu'on me dit : « Oui, mais ça c'est à la périphérie. » Je réponds : « Oui mais quelquefois la périphérie envahit. »

Isabelle : Tout à fait. Si tu prends le sujet de la laïcité, par exemple, il y a un thème périphérique qui est l'homophobie de certaines personnes religieuses. Eh bien c'est une périphérie qui est quand même quelque chose d'extrêmement important dans la manière de voir la laïcité. Ce sont des sujets périphériques, certes, mais de grande importance. Et il est intéressant de voir comment on va les traiter avec le public.

Caractère fédérateur du théâtre-forum

Validation des acquis ou questionnement et fédération autour d'un même sujet ?

Gilles : Le commanditaire nous dit : « On va faire un colloque et vous interviendrez à la fin. » Je lui réponds : « Si vous considérez le théâtre-forum comme une vérification des acquis. C'est pas grave, on vérifie les acquis. Les spectateurs ont passé toute une journée sur un thème, ils ont entendu, on va les placer dans une expérimentation et on va voir s'ils ont retenu ou pas. C'est intéressant, distrayant, mais vous n'en tirerez rien puisqu'ils partiront tout de suite après. Bon. Par contre si tout d'un coup on met le théâtre-forum en début de colloque, c'est pour le défrichage, l'état des lieux, le questionnement, la fédération des gens autour d'un même sujet. Là vous avez plusieurs pistes qui s'offrent à vous. Vous verrez comment tout d'un coup on va s'accaparer du sujet, n'importe lequel, ensemble, avec les gens qui sont dans la pièce, dans la salle, pas à l'extérieur, comment on va vivre à un moment donné ensemble une expérience et comment cette expérience est riche d'enseignements. »

Le théâtre-forum sert à construire de l'intelligence collective

Isabelle : Pour moi, le théâtre-forum sert à construire de l'intelligence collective.

Gilles : À quoi ça sert ? Ça sert à rien. Moi, j'ose le dire. Ça sert à rien. On a passé 1h30 ensemble. À rien. Dans le sens « néant ». Toi tu dis « création d'intelligence collective ». En fait on n'est parti de rien, on n'arrive à rien. On a échafaudé des idées pendant 1h30. On a imaginé des paroles. On a imaginé des solutions, mais on n'est pas dans la vraie vie. Donc on pourrait se dire : « Comme on n'est pas dans la vraie vie, les spectateurs peuvent ressortir en disant cette phrase : « Oui, mais là on était en répétition. Là on a joué. Là on a menti. On ne vous a pas dit exactement le fond de notre pensée. On vous a fait plaisir. Vous nous avez donné l'occasion de jouer, on a joué. Mais on n'a rien dit du tout.»
Et moi j'ose le dire : « Ouais, on n'a rien dit. On a bavardé, quoi.» ; ça ne sert à rien sur le moment. L'intelligence collective, je crois qu'elle peut se passer après.

Isabelle : Je suis d'accord avec toi sur le fait qu'on n'a pas les répercussions forcément immédiatement, mais je crois quand même qu'il y a quelque chose qui a eu lieu, qui est visible et qui est clair, d'entrée de jeu. C'est que, quel que soit ce qui s'est passé dans la séance, bien ou mal passé, il y a eu un moment d'intelligence collective. On a créé des conditions d'une réflexion en commun. Et ça, quels que soient les enjeux, avant, après. Quelles que soient les répercussions et le fait de trouver des solutions ou pas. On a mis en route la machine commune à réfléchir. Pour moi, ça, c'est indéniable. Et rien que ce petit « ça », ça vaut ; parce que si tu vas chercher des subventions, que tu te fais payer ta prestation et que tu dis : « Oh, ben, en fait ça sert rien… », tu vois un peu la tête des commanditaires…

Gilles : Je ne parle pas de ça aux commanditaires. J'en parle au spectateur inquiet…

Isabelle : … qui dit « Ça ne sert à rien. » Oui. Mais la réponse d'entrée de jeu, c'est : « Si ça ne devait déjà servir qu'à passer un moment à faire du remue-méninges ensemble, ça suffit. C'est le minimum du théâtre-forum. »

Gilles : C'est ce que j'appelle « le rebond ». Comme devant un mur de tennis, il faut attendre le rebond. Le rebond vient du spectateur. Il faut qu'il saisisse le rebond.
Je pense qu'un bon spectacle de théâtre-forum, à la fin, c'est quand tous les spectateurs ont saisi la balle au rebond. Il y a des gens qui se sont amusés. Ils ont pris la balle, c'est-à-dire le sujet, la parole, ils ont pris ça à la main, ils l'ont envoyé, ils l'ont regardé.
C'est l'idée du caillou, aussi. C'est un caillou que tu mets dans ta poche. Et que tu oublies. Et ce caillou, il s'est policé, dans la poche. À force de le triturer. C'est un caillou qui, tout d'un coup, montre l'état d'esprit, qui marque le ton, le moment, pour que le spectateur reparte avec. Je suis d'accord avec toi : on fabrique de l'intelligence collective. Je suis tout à fait d'accord avec toi. Le processus même du théâtre-forum est fait pour qu'on travaille l'intelligence collective, avec un regard bienveillant de chaque spectateur sur d'autres spectateurs, en étant capable d'entendre chaque rebond, et que chaque rebond nous serve à rebondir aussi.
À quoi ça sert, le théâtre-forum ? Je ne sais pas si l'expression « créer de l'intelligence collective », c'est un plus pour nos commanditaires pour qu'ils se disent : « Ah, on a bien fait de mettre tant d'argent dans ce projet. »

Isabelle : Eh bien moi je pense que ça parle. Le commanditaire a une envie que les gens se saisissent de cette question, qu'ils réfléchissent dessus. Alors il y a la recherche de solutions. D'ailleurs j'en reviens, là, à ce que tu dis dans un autre article de ton dictionnaire : « Que faire des paroles des spectateurs ? ». Pourquoi éluder la recherche de solutions ? Boal dit comme toi que le théâtre-forum ne sert même pas à ça, à chercher des solutions. Je m'inscris en faux là-dedans. Pour moi, c'est de la rhétorique. C'est un peu du sophisme. Parce qu'en fait non, le but ...

Gilles : C'est la même chose que quand je réponds « rien ». C'est la même hypocrisie que quand je réponds « rien ».

Isabelle : Je comprends ce qui sous-tend cette manière de penser, mais pour autant, il ne faut pas oublier que si on a mis en route tout ce tintouin, si le commanditaire nous a fait demande de ça, si on y a tous passé du temps, c'est parce qu'il y avait quand même une injustice, une problématique posée, et qu'on a cherché à se creuser la tête pour savoir comment la résoudre. Alors peut-être qu'on a trouvé des solutions. Peut-être qu'on n'en a pas trouvé. Peut-être que ce qui est intéressant - c'est ce que je leur dis -, c'est qu'on a vu que là, dans des conditions comme ça, c'est difficile de trouver des solutions. Qu'est-ce qu'ils peuvent faire, après, dehors, plus tard, pour que la solution émerge ? Peut-être que la représentation n'est pas le moment pour que la solution arrive. Peu importe.

Gilles sourit, taquin.

Isabelle : Je te dis ça, mais tu as déjà répondu à mes objections.

Gilles : Ça sert à quoi, le théâtre-forum ?
On me dit : « Quand est-ce que vous allez mettre des points sur les i ? » Et ceux qui comprennent ce que je fais répondent : « Gilles FICHEZ met des tas de points sur des tas de petits "i" ». TENFOR est là-dedans.

Isabelle : Autre point de divergence entre nous : tu dis que « L'objectif, c'est de passer un bon moment ensemble. » Ce à quoi je te réponds que même si la convivialité, comme la politesse, est facilitatrice des échanges, elle est un moyen, pas une fin. La convivialité, c'est en plus, c'est les conditions de la recherche tous ensemble.

Le théâtre-forum apporte des réflexions

Gilles : Le théâtre-forum apporte des insignifiances. C'est-à-dire des réflexions. Il apporte le fait qu'on va se reposer la question. La solution du problème est contenue dans la question. Quand on a un problème de math, on lit l'énoncé. Et quand on a fini de lire l'énoncé, on relit encore. Et tout d'un coup la réponse va arriver. Je pense que le théâtre-forum permet de se reposer les questions. Plein de questions. Et de ne pas en échapper. Et de ne pas subir l'urgence, la loi de l'essentialité. On a des commanditaires qui sont dans cette essentialité temporelle :
« Il faut arriver à trouver des solutions le plus vite possible.
- Mais la question n'a pas été posée !
- Oui, mais ce n'est plus le temps de la question. Il faut leur rapporter les réponses. Vous vous démerdez comme vous voulez, mais la question de votre fiction doit être essentielle.»
Ça veut dire, quoi, ça ? Ça veut dire qu'on va oublier des sous-questions ? Qu'on va les mettre de côté ?

Isabelle : Oui, mais je comprends tout à fait le point de vue du commanditaire qui veut aller à la recherche de solutions. Moi je leur dis simplement : « Ce faisant, on est dans la recherche de solutions. »

Gilles : Tu viens de changer les mots, puisque que tu as mis un pluriel.

Isabelle : C'est vrai. Eux sont porteurs de LA solution.

Gilles : Et il y a cette évidence aussi pour eux que le porteur de projet, la compagnie de projet, se doit d'épouser cette essentialité, cette urgence. Ils sont surpris quand tu dis de manière abrupte que non, il y a DES réponses, DES questions, et que c'est en posant DES questions qu'on va avoir DES réponses, et que dans CES réponses, on va pouvoir trouver à

la fois DES réponses intéressantes et d'autres trop utopiques, trop essentielles, trop maladroites.
Je dis dans mon dictionnaire que les spectateurs ont trois sortes de réponses :
- La réponse maladroite : Le spectateur à sa chaise qui s'aperçoit que le spectateur sur scène a fait une connerie. Mais c'est grâce à cette connerie que lui a trouvé quelque chose. C'est une maladresse. Cette maladresse est essentielle. Il faut la laisser, cette maladresse. Chose que mes copains ultragauchistes ne veulent pas. C'est la Cancel Culture. Une maladresse, c'est montrer un signe de faiblesse. C'est montrer que la réponse est en train de se construire. Elle n'est pas essentielle, tout de suite.
- La deuxième réponse, c'est la réponse orthonormée. On a posé la question mais on connaissait la réponse.

Isabelle : C'est la réponse rhétorique.

Gilles : C'est un amusement. C'est faire en sorte que la décision soit acceptée.
- Et puis la troisième, c'est l'utopie. C'est celle qui n'existe pas. C'est celle qui est promesse de changement.

La première et la troisième réponses sont promesses de changement. La réponse maladroite, c'est celle qui va déclencher chez l'autre du changement. La deuxième réponse, celle que les commanditaires attendent, c'est ce que tu appelles le catéchisme.
Or il serait bien d'arriver à ce que le théâtre-forum puisse être un espace d'utopie – d'utopie réaliste, quand même – et que cet espace soit, comme disait Foucault, une hétérotopie. On a choisi une situation pour éclairer le sujet, on a choisi une incarnation, mais en fait cette situation pourrait se passer dans d'autres cas, dans d'autres lieux, avec d'autres gens. Montrer l'universalité, aussi. Le théâtre-forum peut montrer aussi ça, que les questions que se posent de manière abrupte les parents d'élèves, par

exemple, eh bien ces questions-là peuvent se poser dans un autre champ, dans d'autres situations. Amener le théâtre-forum à proposer des situations qui sont universelles, dans lesquelles les commanditaires et les spectateurs se retrouvent.

Isabelle : Je pense que ça existe déjà. Quand tu sors d'une séance en te disant : « Ça a été riche. », et que ce constat est partagé par les spectateurs ou les commanditaires qui viennent discuter avec toi après, c'est souvent parce qu'il s'est passé ce que tu décris. Dans cette situation très concrète, au départ basique, ou qui pose des situations qui sont de plus en plus interrogeantes, ce qui ressort dans l'expression des commanditaires ou des spectateurs, c'est : « Moi, ça m'a fait penser à ça. Ça m'a fait penser à d'autres situations. » Ils ont ouvert la thématique sur d'autres choses.

Gilles : Sur un champ de problématiques.

La question du risque

Il ne faut pas avoir peur que la séance de théâtre-forum se passe mal. Elle peut être difficile. C'est le propre de toute rencontre de posséder, intrinsèquement, la possibilité de tensions, d'un malentendu, d'un échec. Même pensée, préparée, calibrée, cette rencontre peut nous déstabiliser. Malgré tout il ne faut pas craindre l'émergence d'une parole différente de celle que nous attendions. Le hors cadre et le pas de côté sont inhérents à la rencontre. L'inattendu, l'impertinence, le chaos, sont à la fois les signes et la condition d'un échange sincère, honnête, fructueux avec le public. Mais le risque ici n'est pas synonyme de danger, parce que l'endroit de la rencontre a été sécurisé et les personnes qui l'encadrent sont des spécialistes.

Le public a le droit de changer les règles

Boal insiste sur la nécessité d'arriver en théâtre-forum avec des règles. Il faut que celles-ci soient claires. Il faut que l'image, le modèle, le problème soient posés. Il doit y avoir du cadre. Tout doit être délimité.

Mais si le public dit : « Ben non, moi, ce que je vois c'est autre chose, c'est une autre thématique », il est roi. Et là, tant pis, il y a l'intrusion du chaos, de l'inattendu, de l'impro complète. Mais cette intrusion est d'une grande richesse. Elle va mettre justement, peut-être, la thématique là où elle devrait être. En tout cas, dans la rencontre. C'est là que le public a envie de se trouver, ce n'est pas ailleurs. Et cela va peut-être complètement vous étonner, vous, commanditaire, ou cela va vous ennuyer, mais le public est là et il a envie d'être là.

Le hors-cadre et le pas de côté

Gilles : Dans ce qui m'a intéressé, excité avec le théâtre-forum, c'est que la rencontre avec le public, à un moment donné, peut être calibrée. Parce qu'on sait très bien qu'elle suit un processus. On sait à peu près comment vont réagir les gens. Et puis tout d'un coup, dans ce forum bien réglé, il y a la personne qu'on n'attendait pas. Il y a la rencontre avec quelqu'un qui nous surprend et qui lui aussi fait un pas de côté par rapport à nous. Et il nous engage à faire ce pas de côté avec lui. Quand on dit qu'on rencontre l'autre, qu'on va vers l'autre… « Aller vers »… Le grand leitmotiv du travail social actuel, c'est « il faut aller vers les gens, vers ceux qui sont les plus démunis, ceux qui sont dans la précarité. Il faut leur apporter un soutien, un accompagnement… » Cette rencontre suit un processus qui est étudié en écoles de travail social ou par l'expérience du travail social. L'acteur, quand il a un texte, cherche un répondant, là aussi ; il fait tout pour que le répondant soit dans la même logique que lui et que la rencontre ne soit pas inopinée. Ou alors à la marge. Alors que dans le théâtre-forum, il existe – je pense qu'il a existé dans tous les spectacles – un moment donné où tout d'un coup il y a la personne qui, par un esprit poétique peut-être, ou par un esprit d'inventivité, fait ce pas de côté et nous renvoie à quelque chose d'inconnu. Quelque chose qu'on n'avait pas du tout étudié, et un éclairage qui me fait dire que cette rencontre n'a rien de rationnel, rien de déterminé.

Il faut se laisser aller à cette rencontre, qui n'est pas dangereuse, parce qu'elle est dans un cadre bienfaisant, fédérateur, où les règles du jeu sont permises et claires, et en même temps il faut être poreux à cette rencontre. Si le comédien n'est pas poreux, s'il n'absorbe pas la parole du spectateur, il ne pourra pas rebondir sur elle. Il ne pourra pas enchaîner. Si le Joker n'est pas poreux aux spectateurs qui sont devant lui, si tout d'un coup il n'absorbe pas cette parole... on absorbe la parole, pour mieux la comprendre, pour faire un chemin avec. Cheminer avec.

Et ça, c'est un gros risque, à l'heure actuelle. Tout le monde nous dit, les commanditaires, les commentateurs du théâtre-forum nous disent, quand ils ne connaissent pas le théâtre-forum, quand ils le découvrent : « Oh là, là, mais peut-être que ça va mal se passer ! Peut-être que vous allez avoir affaire à des hallucinés, des illuminés, des hystériques, des schizophrènes ! »... toute la panoplie des maladies. Et donc, qu'est-ce que vous allez en faire, de ces paroles que l'on refuse, parce qu'elles sont dangereuses ?

Moi je dis que quand on a bien déterminé, bien élaboré le contexte, il n'y a pas de danger. Et au contraire, on peut être poreux, et cette porosité que l'on met en place, à cette absorption, va nous permettre d'aller encore plus loin. On modifiera peut-être la fiction théâtrale du départ, on modifiera peut-être un jeu...

C'est ce qui m'intéresse ; que le théâtre-forum est toujours en mouvement. La fiction est prévue, elle est déterminée, elle pose des questions, elle pose un drame, une situation, mais un spectateur peut tout d'un coup amener un éclairage qui va faire qu'on va modifier, peut-être à la marge parfois, un personnage... et ça c'est un risque étonnant.

Alors il y a des comédiens qui sont tout à fait d'accord avec ce principe, et des comédiens qui sont totalement hermétiques. « Ah tu ne vas pas encore nous changer le texte ! Tu vas pas encore ajouter quelque chose à notre personnage ! J'en ai ma dose, moi ! » Je leur réponds qu'une éventualité s'est produite que l'on ne soupçonnait pas au départ, qu'on ne doit pas rester sourd à cette proposition qui augmente la richesse. Il ne faut pas la mettre de côté.

L'impertinence

Gilles : Est-ce que le théâtre-forum peut se permettre d'être impertinent ? Il est impertinent parce qu'il fait voler en éclat le cadre. Il fait voler en éclat les certitudes. Donc à un moment donné, il est impertinent parce que dans un cadre précis, qui est la représentation d'une heure et demie, il se permet d'être hors cadre et de laisser le spectateur faire un hors-piste avec le danger de l'avalanche. Mais on sait que le hors-piste ne durera qu'une heure et demie, donc ça va, c'est un hors-cadre qui est cadré quand même. Mais cette impertinence, je crois, fait peur à nos commanditaires. Parce que l'impertinence révèle, c'est le masque. Elle révèle beaucoup plus les gens qui ne veulent pas aborder le sujet de face. Donc quelquefois, ils prennent des chemins détournés... Ils sont impertinents.

Isabelle : Ou quelquefois, je pense que, et Boal en parle dans ce sens-là, c'est qu'en fait, c'est la commande première qui n'est pas juste. Ou qui a été plaquée, ou qui est artificielle.

Gilles : Oui mais cette impertinence, elle est quasiment obligatoire, je crois. Ce hors-cadre est obligatoire. Un hors-cadre, ça peut être quelque chose de très défini, ça peut être quelque chose de flou, ça peut être quelque chose de masqué... On a l'impression que c'est un hors-sujet. Mais pour un meneur de jeu, il n'y a pas de hors-sujet. Il faut faire attention à toutes les réactions, et tous les premiers commentaires, et tous les jeux, les allusions... Sur scène, il y a plein d'images. Je crois que si on est attentif, en tant que meneur de jeu, si on écoute bien les paroles des spectateurs, on peut déceler plein de choses. C'est le combat entre le cerveau droit et le cerveau gauche, je crois. À un moment donné, il y a la spontanéité du spectateur.

Isabelle : Mais il y a aussi une question de posture vis-à-vis du public. Ça rejoint plein de choses qu'on a dites jusqu'à présent. C'est intéressant, parce que pour moi, c'est assez synthétique. Si tu penses que le public est là pour trouver une vérité cachée, et que tu vas lui donner des éléments pour trouver cette vérité cachée, quelque part, tu l'amputes de sa capacité à trouver complètement autre chose, à être libre de ce qu'il a envie d'interpréter. Tu as envie qu'il découvre quelque chose. Et la problématique du théâtre-forum est placée là, bien souvent. Le commanditaire veut que le public la trouve. D'ailleurs toi aussi, en tant que Joker, si tu ne fais pas attention, tu cherches aussi à ce que le public aille dans le sens de la vérité que tu voudrais mettre dans le spectacle, dans les lignes directrices que tu as savamment élaborées, et en plus que ça vienne dans l'ordre. Et que tout le monde, à la fin soit dans cette euphorie groupale : « Oh, qu'est-ce que c'était une bonne représentation ! » Parce que les bons élèves ont bien saisi qu'il fallait qu'ils répondent dans cet ordre-là, et pas autrement. Et ils l'ont fait. Les bons élèves ont été sur le plateau, ils ont répondu comme on voulait qu'ils répondent, et tout le monde est très content.

Et c'est intéressant ce que tu dis avec le mot « impertinence », parce que l'impertinence résonne pour moi de deux manières.

Au départ, je n'aime pas le mot « impertinence ». J'ai un rapport agacé à ce mot-là, comme avec le mot « bigoudis ». Il y a quelque chose qui me chiffonne. Parce que l'impertinence, c'est la réaction de l'enfant vis-à-vis de l'adulte. « Oh, il est impertinent ! Il répond ! » C'est-à-dire qu'en fait l'enfant veut aller au-delà du rôle qui lui a été assigné de « tu écoutes et tu obéis ». Un impertinent, c'est ça. Quand on dit « un journal impertinent », pour moi, c'est comme faire du journaliste un enfant qui va se rebeller et qui va montrer avec des petites piques qu'il n'ira pas là où on a envie de l'entraîner. Et du coup, cette histoire de sujétion, d'imaginer que le journaliste est placé dans une attitude infantile, c'est comme accepter que oui, c'est normal d'être infantile et que c'est normal que notre réponse, ça soit l'impertinence. En définitive, le journaliste n'a pas envie, mais quand même, il joue le jeu. Il joue le jeu de l'enfant avec l'adulte. Sauf que là, au lieu d'être un enfant sage, il va être un enfant impertinent.

Gilles : Moi, j'ai beaucoup moins peur de l'impertinence. Parce que je sais qu'elle est une réponse à la question du jeu, du meneur de jeu, du Joker, mais par défaut, par manque de loyauté, aussi. Quand tu as une assemblée de profs et que tu fais un travail sur l'éducation, ils sont d'abord impertinents. Maintenant, je suis beaucoup plus cool avec ça.

Isabelle : Ce n'est pas une question d'être cool ou pas. Je t'ai dit mon rapport au mot.

Gilles : Je n'aime pas le cynisme, moi. J'ai horreur du cynisme. C'est comme toi avec « bigoudis ». Le cynisme, ce n'est même pas un masque. Quand tu te montres cynique, cynique pervers, tu déstabilises celui qui est en face de toi pour ta propre gloriole. Et ça, c'est le stade ultime de l'impertinence. Ces cyniques, là, je ne les ai pas perçus tout de suite. J'ai trouvé ça même très drôle au début. Et puis il y a eu un choc et tout d'un coup je me suis dit : mais oui, le cynisme n'est pas quelque chose qui construit, c'est quelque chose qui détruit.

Isabelle : Complètement, oui. La posture du cynique, c'est détruire.

Gilles : Mais détruire en sa faveur. Ça, c'est essentiel. J'ai été confronté au cynisme. C'est une posture que tu ne vois pas au départ. L'impertinence, tu la vois, c'est dire « Non ! ». Le cynisme, tu ne le vois pas. J'ai été confronté à des spectateurs cyniques. Mais heureusement ils se font bouffer par les autres. Ça va. Mais est-ce que c'est de l'impertinence ? Ce n'est peut-être pas « impertinence », le bon terme ?

Isabelle : J'aime bien en fait que ce mot-là soit venu. Ça m'interroge. Ça m'interroge aussi sur le deuxième sens corolaire au mot impertinence : « qui n'est pas pertinent ».

Gilles : Si dans le forum, un avis, une idée, une parole est impertinente, qui n'est donc pas pertinente, est-ce qu'on va l'occulter ? Ou est-ce qu'on va creuser cette non-pertinence ?

Isabelle : C'est exactement ce que je te dis. C'est que pour moi, l'arrivée de l'impertinence, c'est aussi le signe que peut-être que ce que nous avons posé, et tenu pour pertinent, ne l'est pas. Quand ça se produit, c'est quand le public a un point de vue qui ne va pas dans le sens de ce qu'on avait prévu, qui ne va pas dans le sens de notre projet.

Moi, ça m'est arrivé, en atelier, avec une commande d'une entreprise dont la DRH disait : « On va travailler sur les gens qui font des fautes de français. Moi aussi j'en fais. Je pense qu'on a une expression qui n'est pas bonne. Or, on est des commerciaux, il faut qu'on ait une bonne expression écrite et même orale, il faut qu'on fasse attention à être dans les règles. » On est donc parti sur cet atelier-là. J'ai proposé de travailler sur différents degrés de langue. Peut-être que parfois les commerciaux employaient un niveau de langue qui n'était pas pertinent par rapport à la situation. Et puis en fait, en faisant cet atelier, je me suis rendu compte qu'on était à côté de la plaque avec cette demande. La DRH, qui faisait l'atelier avec les autres, l'a bien vu, elle aussi. Il y avait quelque chose qui n'était pas pertinent dans la commande, et les stagiaires nous l'ont révélé. Ils ont révélé qu'en fait, ils n'avaient aucun problème de connaissance de niveau de langue. Ils savaient utiliser le bon niveau de langue. Le problème, c'était leur clientèle qui n'utilisait pas le bon niveau de langue, à dessein, pour les déstabiliser, pour obtenir des faveurs. Elle se permettait de tutoyer les agents parce que, du coup, elle pouvait induire une familiarité qui lui permettrait de demander une ristourne.

Gilles : Ça, c'est du cynisme.

Isabelle : Ça pouvait même aller plus loin. C'était aussi une forme de sexisme. « Je vais m'adresser à toi, femme à l'accueil, de manière insolente. Je vais utiliser un niveau de langue familier, alors que toi, tu me dois un peu plus de respect. »
Tu vois, on a travaillé là-dessus. Il y a eu un glissement qui fait que, d'un seul coup, la commande n'était plus pertinente. C'est le public stagiaire qui a fait glisser ça.

Gilles : Ils ont « révélé ».

Isabelle : Oui. Et la DRH en était tout à fait d'accord quand je lui ai expliqué.

Gilles : C'est vachement bien.

Isabelle : Elle a dit : « Je suis tout à fait d'accord. Je pense que le vrai sujet, c'est comment on répond au client qui veut, lui, changer de registre de langue, et comment on a en tête ces différents registres de langue, lesquels sont adaptés à notre situation professionnelle. »

Gilles : Donc, tu te réadaptes à la réalité.

Isabelle : Oui. Et c'est ça pour moi, le mot « pertinent ». Mais c'est en ça que, du coup, le mot « impertinent », je l'accueille mieux. La personne impertinente, c'est la personne qui te dit : « Attention, ce que tu m'amènes là, ce n'est pas pertinent. En tout cas, ce n'est pas ma pertinence à moi. »

Gilles : Oui mais quand est-ce que ça va être pertinent pour elle ? C'est peut-être un écran de fumée qu'elle se met. Par exemple quand elle dit : « Le sujet des incivilités dans le bus ne me regarde pas, je ne prends jamais les transports en commun. » Elle pense que l'histoire qu'on lui propose n'est pas pertinente pour elle dans sa situation.

Isabelle : Oui mais là j'ai envie de te dire, Gilles, que la responsabilité du fait que le public ne se soit pas reconnu dans cette situation, ça ne me concerne pas.

Gilles : Mais il n'a pas été chercher ! Il est resté sur une image !

Isabelle : Oui mais moi je pense que la responsabilité n'est pas chez lui.

Gilles : Non, la responsabilité est dans le meneur de jeu.

Isabelle : Ou dans l'écriture.

Gilles : Non, ce n'est pas dans l'écriture. Quand tu veux parler des relations humaines garçon-fille et que tu mets cette situation dans un bus, la réaction de la petite blonde peut être de te dire : « Moi ça ne me regarde pas, je ne prends jamais le bus.
- Quand est-ce que ça va vous regarder ? Un jour ou l'autre ça vous regardera. Ça ne vous regarde pas, cette situation, parce

que vous ne prenez pas le bus, c'est ce que vous venez de me dire. Donc la rencontre garçon-fille dans un bus, ça ne vous regarde pas. »

Et là, tout d'un coup, elle entend « rencontre garçon-fille ». » Et elle dit : « La rencontre si, mais pas le bus. »

Isabelle : Mais ce que tu racontes là, c'est finalement une péripétie. Le public est composé de plein, plein, plein de spectateurs. Et à l'intérieur, il y en a qui vont interpréter la situation de telle ou telle manière. Ce que tu démontres, c'est que le propos est devenu pertinent à un moment donné pour la spectatrice. Parce qu'il y a eu une explication, ou du Joker, ou des autres spectateurs. Mais là je te parle de quelque chose qui est plus rare, comme je te l'ai expliqué dans le cas de la thématique de l'atelier forum qui n'était plus pertinent. Je te parle du public dans son ensemble, qui, ce jour-là, ne s'est pas retrouvé dans la problématique telle qu'elle a été posée. Ou bien a dit : « Ah ben non, pour moi la problématique ailleurs ».

Gilles : C'est une erreur d'écriture.

Isabelle : Ou de commande, ou des erreurs en cascade.

Nous sommes des spécialistes du théâtre-forum

Si le chaos s'invite parce que le public veut changer les règles, la compagnie de théâtre-forum garantit néanmoins l'observation d'un cadre de discussion propice aux échanges. Nous invitons le public à rester sur les faits, sur la situation, à dépasser les fantasmes, les stéréotypes et les opinions. Cette attention permanente, c'est notre cœur de métier.
Chacun sa place ! Ce n'est pas à vous, commanditaire, à écrire le texte de la représentation, pas plus que ne vous incombe la direction du forum. Vous êtes le spécialiste de votre domaine : éducation, accompagnement de publics, entreprise, etc. Vous avez également tout loisir d'inviter des intervenants spécialisés dans la thématique que vous voulez aborder, en complément du théâtre-forum.

Dépasser l'opinion

Isabelle : L'idée, c'est qu'on part d'une situation. On dépasse l'opinion, qu'elle soit bonne ou qu'elle soit mauvaise. Si la personne veut monter sur le plateau, elle le fait non pas en tant que représentante d'une opinion que pour résoudre la question : « Dans cette situation-là, qu'est-ce que vous faites ? »

Gilles : Tu reviens à ton postulat : on vient jouer sur scène quand on a une idée de solution.

Isabelle : Oui ! Sinon on va être dans un débat, certes intéressant, mais qui n'est pas du forum.

Gilles : Et qui aura sa place après.

Isabelle : Évidemment, ça déclenche plein de choses, des sujets connexes. C'est bien, ça prouve que c'est un sujet qui vous marque et qui est important. Mais pour que nous puissions débattre, il faut que nous nous posions sur une situation. La personne suit la règle du jeu du forum : on lui montre une situation suffisamment injuste pour qu'elle aille au-delà de ses stéréotypes et qu'elle propose une situation concrète.

Gilles : Il faut dire au commanditaire : « La présence des personnes qui sont opposées à votre situation, au contraire, si elles ont fait le déplacement, c'est pour discuter. C'est pour débattre. Si elles osent faire le pas de la situation et qu'elles gardent leur propre opinion, ça sera trois fois mieux. Et vous allez voir que ce n'est pas dangereux. Au contraire. Elles vont applaudir votre démarche. »
À un moment, on en arrive au même point : comment tu prends les spectateurs ? À quel point tu prends les spectateurs ? Est-ce qu'ils ont été formés ? Est-ce qu'ils n'ont pas été formés ? Tu les prends comme ils sont, à l'état où ils sont. Le nombre de commanditaires qui m'ont dit : « On va faire des préparations au théâtre-forum. » Je leur dis : « Si vous avez envie, mais…

Isabelle : ... ça ne change rien.

Gilles : Quand ils sont devant la situation, ils oublient tout. Ils ont tout oublié de vos leçons. Parce que ce ne sont que des leçons, des slogans, il n'y a aucune réflexion, aucun jeu... « Jeu », amusement aussi. « Divertir », c'est passer à côté de la réalité. Je divertis, je dévie. Je prends un chemin buissonnier pour pouvoir aller à la réalité, et qui permet d'avoir toute cette sérénité du chemin de campagne. Et non pas l'autoroute. C'est mon grand dada, ça. N'ayez pas peur. Le spectateur va comprendre. Si vous, vous avez compris le chemin buissonnier, il comprendra.

Isabelle : L'intéressant, c'est de toujours créditer les spectateurs de leur intelligence et de l'intelligence collective.

Gilles : Finalement, je vais enlever le terme « impertinent », parce que je pense que le terme le plus approprié est « inopiné », dans le langage de Michel Serres, c'est-à-dire hors de l'opinion. Tu n'aimes pas le mot « opinion », donc je pense que « inopiné » te siéra mieux. L'inopiné est toujours une source de réflexion. Le pas de côté. Et l'inopiné, le problème, c'est qu'on l'a mal traduit. L'inopiné, quelquefois, est défini comme dérangeant, comme à côté de la plaque, comme quelque chose qui n'est pas compris. On avait une opinion, puis d'un coup il y a quelqu'un qui est inopiné, qui surgit, qui est maladroit, qui est même vulgaire. Mais l'inopiné, c'est quelque chose qu'il faut absolument cultiver en tant que meneur de jeu. Le discours inopiné, le dialogue inopiné, l'inattendu, l'imprévu, l'imprévisible, c'est quelque chose qui doit nous permettre d'aller plus loin dans le travail d'expression des spectateurs. On se doit de fabriquer des objets, des fictions, où tout d'un coup, il peut y avoir des propos inopinés. Et ces propos doivent être mis en exergue beaucoup plus que ceux qui sont issus de slogans : « il faut », « il n'y a qu'à », « il faut qu'on ». Ce sont des réflexions, des pas de côté qui me semblent être l'expression d'un dérangement du spectateur, lequel nous dit quelque chose qu'on n'avait pas prévu, qui nous dit « ça me dérange, mais ça ne me dérange pas », « ça me perturbe, mais ça ne me perturbe pas ». Il te dit des trucs comme ça.

J'aimerais aller un peu plus loin pour que toutes ces non-opinions soient dites, soient exprimées. C'est un peu l'objet du bouquin que je voudrais faire sur la prise de parole. Tout d'un coup, cette prise de parole, c'est une prise de la Bastille, c'est quelque chose qui sort, qui part, qui bouscule. Et le théâtre-forum, c'est tout ça aussi. À condition de ne pas être pédagogique. C'est tout d'un coup l'envie de passer à la dernière image, de revenir à la première image, voir le milieu… Et pourquoi on ne se donnerait pas l'autorisation de faire ça ? Parce qu'on a un commanditaire qui est là et qui veut de la pédagogie A plus B plus C ? Ou alors on est peut-être dans une angoisse de se dire que le Joker doit « mener » la réflexion pour qu'on puisse aboutir à la production d'intelligence codifiée, dans le cadre.

Chacun à sa place

Gilles : La dernière expérience que j'ai connue en tant qu'auteur, c'est face à un commanditaire qui était exigeant. Exigeant dans le sens qu'il aurait voulu être auteur à ma place. Tu vois de quoi je veux parler ? Le commanditaire qui écrit à ta place.

Isabelle : Ou alors qui a déjà fait du théâtre-forum.

Gilles : Et à chaque fois, il te dit : « Oui, mais là vous n'allez pas au cœur du sujet. » Pourtant, on est en plein cœur du sujet, mais il ne le voit pas. Cécité et surdité.

Isabelle : Il y a une collaboration, aussi, dans le travail d'écriture. Quelquefois ce sont les commanditaires eux-mêmes qui t'apportent le matériau.

Gilles : Oui, mais la collaboration arrive le jour de la première, au moment de la mise en scène, de la mise en chair du forum… Quelquefois le commanditaire n'est pas tendre.

Isabelle : C'est vrai, mais moi j'ai la sensation que plus il y a eu ce travail en amont, y compris de disputes, et plus tu as des chances d'arriver, le jour de la représentation, à ce qu'il y ait des choses qu'il ait comprises dans ta démarche.

Gilles : Tout ce qui est de la dispute préalable est important. Mais quelquefois la carnation, l'incarnation théâtrale, n'est pas comprise par le collectif du commanditaire qui est devant toi... De plus, le collectif, composé de plusieurs individus qui n'ont pas la même perception de la réalité, n'a pas une parole claire de la commande. Il faut arriver à jongler. Heureusement qu'on discute, qu'à un moment donné on a un échange, jusqu'à la virgule.

Isabelle : Je suis pour la validation des textes en amont. Les commanditaires ont accepté. Ils ne vont pas découvrir le texte le jour J. Ils le savent, que c'est ça, le texte. Et c'est fondamental.

Gilles : Si tu n'as pas financièrement la possibilité de faire une avant-première, fais au moins une lecture. Les textes, ils les auront sous les yeux, toi tu vas les incarner.

Isabelle : Mais tu sais très bien où est le souci, Gilles ! C'est que le fait de se déplacer, pour discuter, tu en as pour une heure, pour deux heures, etc. Ça doit être facturé. Il faut que le commanditaire se rende compte que s'il y a une réunion, elle est facturée. On va discuter sur le texte, on va prendre du temps pour ça, c'est facturé. Il y a réécriture, c'est facturé.

Gilles : On dit que ça vaut tant, et pourquoi. Tu expliques tout ça. La compréhension d'une écriture de théâtre-forum, ce n'est pas évident.

Isabelle : Je comprends que ça les perturbe. Mais à chaque fois qu'on l'a expliqué aux commanditaires, ça s'est très bien passé. En plus ils ont la sensation réelle qu'on travaille en partenariat, en bonne intelligence.

Le spécialiste de la question

Isabelle : Tu parles dans ton dictionnaire du « spécialiste de la question ». Je ne suis pas d'accord avec toi sur le fait qu'un ou une spécialiste de la question traitée fasse « la synthèse des paroles, une récapitulation des témoignages et des propositions des spectateurs. » Ça, pour moi, ce n'est pas le rôle d'un expert... C'est le rôle du Joker, éventuellement.

Gilles : Il faut le replacer dans un contexte. Ce n'est pas pour les spectateurs que je fais ça. C'est pour le commanditaire. On s'aperçoit en effet que le commanditaire n'a pas écouté les spectateurs. Souvent, le commanditaire, le prof, n'écoute pas la parole des spectateurs. Par contre ils écoutent énormément la parole des comédiens. Ils n'écoutent jamais le fond des paroles des spectateurs. Et c'est dans ce but-là qu'à un moment donné, j'ai mis en place ce processus. On a le guide dans une exposition qui dit à ses visiteurs : « Vous allez voir ce que vous voyez. Parce que vous n'avez pas entendu. Il vaut mieux redire une deuxième fois.» Ça bassine le spectateur, c'est vrai. Mais ça réconforte drôlement le commanditaire, parce qu'il réentend tout ce qu'ont dit les spectateurs. Alors il faut avoir un expert qui soit capable d'être ethnologue et aussi de uniquement être anthropologue, c'est-à-dire capable de ne relater que ce qui a été dit.

Isabelle, *dubitative* : Mouais...

Gilles : Attends, je ne suis pas persuadé non plus. C'est une expérience que j'ai tentée. Ça s'appelle « Remettre du sens à la parole du spectateur ». C'est une expérience qui a été menée pendant plus de 50 représentations avec le spectacle sur la douleur, *Aïe*. Cette expérience qui a fait le flop dans, on va dire, cinquante pour cent des cas. C'est quelque chose que j'ai abandonnée, complètement. Et c'est quelque chose que j'ai tellement abandonnée que c'est moi qui tiens ce rôle de reprise de la parole, maintenant. J'ai proposé à la compagnie Cavales de Nantes que ce soit moi qui relate ce qui a été dit, parce que je sais écouter les spectateurs. Je n'ai pas l'oreille d'un expert, parce que je suis capable de transcrire uniquement ce qu'a dit le spectateur. On ne fera pas de retours. Par contre je donnerai au commanditaire…

Isabelle : C'est ça que je veux dire. Je ne dis pas que ce n'est pas utile d'avoir quelqu'un à un moment donné qui fasse une récapitulation de la parole. Je dis qu'au moment de la représentation, je trouve ça un peu choquant. Pour moi c'est comme une rupture de pacte avec le public. Tu as établi quelque chose. Le Joker a été garant des règles du jeu, du discours et tout, il a construit le cadre dans lequel la parole a pu circuler, et tu as quelqu'un d'autre qui débarque à la fin et qui va expliquer comment les choses se sont faites…

Gilles : Par contre, donner au commanditaire ce qu'a dit le spectateur, c'est essentiel. Avoir un scribe. On l'a déjà expérimenté. Il est là pour le commanditaire, il traduit. Ce qu'on avait fait par la suite avec *Aïe,* qui était plus subtil, c'était de demander à des équipes anti-douleur locales de venir sur scène et de réagir à ce qu'elles avaient entendu. Ce n'était pas des experts. C'était des gens du local, qui disaient : « Ouais, ça, on l'a entendu, ça, on ne l'a pas entendu, ça, nous on intervient là-dedans… » On va dire que c'est une autre parole populaire. L'expertise populaire, mais vue d'un pas de côté.

Isabelle : Après le forum, pour moi, tout est possible. Pourquoi pas. Mais attention ! Il y a toujours le danger de confiscation de la parole à ce moment-là par le commanditaire qui, en résumant, veut catéchiser.

Gilles : La chose qu'on ne faisait pas avant, que je fais maintenant, c'est que je fais saluer les comédiens quand le forum est terminé et je passe le relais.

Isabelle : C'est ce que j'allais te dire. Dès lors que le forum est clôt, il peut y avoir des suites, un passage de relais au commanditaire.

Le prix de la prestation

Commanditaire, vous êtes parfois surpris par notre tarif, que vous jugez élevé.
Or tout ce que j'ai dit précédemment dans cet ouvrage justifie le tarif que nous pratiquons.
D'abord il y a la question de l'expertise. TENFOR, avec ses trente-trois ans d'existence, a la légitimité d'une expérience importante, que la compagnie accompagne d'une analyse de la pratique régulière. Ce n'est pas une compagnie novice ni une troupe qui se repose sur ses lauriers.
Voici les autres points importants qui motivent un tarif revu à la hausse :

Le théâtre-forum demande, pour être fait correctement, sans bricolage et avec une attitude professionnelle :

- *Une personne qui soit en capacité d'analyser la demande et d'inciter le public à réfléchir sur la problématique.* Elle doit être hybride et savoir allier la théorie et la pratique. Cette personne, il faut la rétribuer, et à la hauteur de son expertise.
- *Une écriture efficace*, qui saura exposer la thématique de manière claire et dynamique. S'il s'agit de partir d'un texte déjà écrit, il y aura souvent adaptation à la commande, donc réécriture. Cette réécriture demande du temps et doit être rétribuée. Évidemment pas à la même hauteur qu'un spectacle réalisé et écrit de A à Z, mais elle devra l'être tout de même.
- *Un responsable du spectacle appelé à faire des allers-retours avec vous, commanditaire.* Il y aura des réunions préalables pour être sûr que la compagnie va bien vous donner le spectacle qui vous convient. Ces réunions doivent être rétribuées.
- *Des répétitions en nombre suffisant et des comédiens chevronnés.* Ce doit être des personnes à l'aise dans la partie strictement théâtrale, mais également rompues à l'improvisation. Elles doivent être en capacité à la fois d'apprendre rapidement un texte

– les commandes sont souvent faites dans des délais très courts – , mais aussi d'improviser dans les règles du théâtre-forum telles que je les ai rappelées plus haut dans cet ouvrage. Toute cette équipe de comédien.ne.s, ça se paye, et suffisamment pour pouvoir les fidéliser et qu'ils ou elles se rendent disponibles pour des dates données à la dernière minute.
Certaines compagnies font le choix soit de ne pas répéter, avec tout le danger que cela comporte d'une mauvaise maîtrise et du texte et du sujet, soit de ne pas rémunérer les répétitions, avec le risque de ne pas avoir de comédien.ne disponible, parce que non prêt.e à sacrifier la date d'un contrat payé avec une autre compagnie. Sans compter qu'il est complètement illégal de faire travailler gratuitement des comédien.ne.s. Ceci vaut également pour les artistes auteur.e.s qui ne sont pas payé.e.s pour leur écriture.
- *Le jour de la représentation, outre une équipe de comédien.ne.s chevronné.e.s, un maître du jeu capable de faire l'interface entre la scène et la salle.* Le ou la Joker a des compétences très spécifiques qui ne s'improvisent pas. Lui ou elle aussi doit être payé.e à la hauteur de ses compétences.

Quelquefois il arrive qu'il y ait une suite :

Vous pouvez en effet nous demander un compte-rendu ou (et) une réunion de bilan. Cela peut augmenter le prix de notre prestation. C'est normal. Si la compagnie est en capacité de faire un compte rendu de ce qui s'est passé, cette compétence et le temps passé à rédiger ou à intervenir en réunion doivent être facturés.

Enfin, la compagnie professionnelle a des charges

Il faut également vous rappeler cette chose évidente que parfois vous oubliez : dans la compagnie, en dehors des comédiens et comédiennes, pour la plupart intermittents du spectacle, il y a du personnel à l'administration et à la direction. Ces personnes doivent être rémunérées. Le local de répétition, le bureau, les costumes, les accessoires, les véhicules, bref, les frais de fonctionnement, les charges fixes, tout ce qui permet la vie de la compagnie doit être payé. Un pourcentage est donc prévu à cet effet à chaque contrat.

De notre côté, il ne faut pas que nous, compagnies, cédions à cette tentation de vous vendre des spectacles en rabotant l'un ou l'autre des postes énumérés ci-dessus, au prétexte que la concurrence est rude. Comme vous êtes souvent un commanditaire issu de l'Éducation populaire et que vous avez malheureusement de moins en moins de moyens, nous finissons par accepter d'être payés comme des animateurs. Nous compatissons à vos difficultés et voulons, par un effet de solidarité, « faire un effort pour la bonne cause ». Or l'effet pervers – et automatique, je vous l'assure – de cette mauvaise rétribution est un manque de respect patent. Loin d'être reconnaissant pour ce geste généreux de la compagnie, le commanditaire qui a négocié à la baisse n'estimera pas le travail de la compagnie. C'est une réalité commerciale : moins vous êtes payé, moins bien on vous accueille et plus les conditions sont merdiques pour vous et votre public. Le commanditaire qui a payé une prestation au rabais ne se soucie pas de vérifier que le texte est bien adapté à sa demande, il n'hésite pas à faire rentrer un nombre trop important de spectateurs assis par terre dans un local inadéquat et sans visibilité... Sans compter qu'il se sent le droit de toujours marchander un prix déjà bien bas et d'annuler ou changer la date de la représentation la veille pour le lendemain.

Merci aux commanditaires récidivistes

Pour faire contrepoint à nos expériences négatives d'acheteurs peu scrupuleux, je précise qu'heureusement, nous avons connu à TENFOR, et nous connaissons encore, une grande majorité de commanditaires comme sûrement vous l'êtes, exigeants, respectueux de notre travail et confiants dans nos capacités à le mener à bien. Vous, les commanditaires récidivistes, devenez alors au fil du temps de véritables partenaires. Vous nous apportez énormément et continuez de nous interroger pour nous aider à toujours nous améliorer.

Gilles : Il y a des récidivistes. Ceux qui nous rappellent, je les trouve courageux. Parce qu'ils remettent le couvert. Ils savent que c'est risqué. Ils savent que ça peut faire flop. Et ils continuent. Donc ça, c'est vachement bien. Ils savent que la première séance a été exceptionnelle, mais que la deuxième peut être moins exceptionnelle. Et puis qu'on fera tout pour que la troisième soit exceptionnelle. Pour eux, c'est un risque financier, c'est un risque de mobilisation, etc.
Certains commanditaires récidivistes nous ont apporté énormément de choses. Le commanditaire récidiviste, c'est Béatrice Perret-Ballu[26] de Grenoble. On a produit quatre spectacles avec elle, quand même ! Je ne sais pas combien, trois cents, quatre cent cinquante représentations ! Elle a cru dans cet outil au départ, qui ne lui appartenait pas. C'était quelqu'un qui a pu faire améliorer l'écriture. Elle a pu développer le théâtre-forum. Elle a pu passer du simple prisme « l'homme est un con » à l'égalité des chances et à se dire : « Où on en est ? Quel est l'état des lieux ? Qu'est-ce que vous en pensez ? » etc.
Et puis, je pense que ça nous a permis, quand elle a pris sa retraite, toutes les écritures suivantes. Elle a permis ce que tu fais actuellement à TENFOR, sur les violences sexuelles, sur les rapports garçon-fille... C'est

---

[26] Béatrice Perret-Ballu, chargée de mission Égalité Femme-Homme au rectorat de Grenoble.

quand même en partie grâce à tout le travail qu'on a pu faire avec elle qu'on a pu tout d'un coup émettre et écrire des choses actuelles.

VENEZ DIRE À LA JEUNE GÉNÉRATION

Constats et bilans

Après avoir posé les bases de ce qu'est pour nous le théâtre-forum, nous avons, Gilles et moi, en vieux Jokers, commencé à réfléchir sur le bilan que nous pouvions tirer de plus de trente ans d'expériences.
Nous nous sommes d'abord interrogés sur l'utilité du théâtre-forum, sur ses enjeux économiques, sur la manière dont il accompagne les questions de société.
Nous avons également fait le constat que les publics avaient évolué. Cette appréciation est-elle due à des critères objectifs, comme la conséquence du renfermement sur soi consécutif à la période COVID et à la présence importante des réseaux sociaux ? Est-elle due plutôt à notre avancée en âge qui nous rend la confrontation au public plus difficile, énergivore ?
La question est posée à vous, comédiens, comédiennes, qui, plus jeunes, vous frottez, vous frotterez, comme nous l'avons fait, aux spectateurs, et serez garants de la longévité du théâtre-forum.

De l'utilité du théâtre-forum

Humble objet hors du temps et de la réalité

Gilles : Je reviens sur l'humilité dont tu parlais. On n'est qu'un outil.
Il y a deux différentes façons de voir le mot « outil ». Rappelle-toi nos copains en 2 000. Le mot « outil » les faisait réagir. Moi je suis un manuel. Je suis comme toi[27] un ouvrier, un OS[28] du spectacle. L'outil ne me fait pas peur. Que l'on mette dans les mains de quelqu'un un outil – ce n'est pas toi qui vas me contredire avec ta BOATE (Boîte à outils artistiques)[29] – l'idée que cet outil doit servir. Si ça sert, c'est qu'il y a une utilité. Et c'est vrai que le mot « utile », quelquefois, dans le spectre culturel, est plus ou moins bien vu. À la fois on est pressé par les commanditaires : « Qu'est-ce que vous allez en faire ? », « Il faudrait faire quelque chose ! » et en même temps il y a dans le théâtre-forum une dimension abstraite... J'ai écrit un article là-dessus dans mon dictionnaire : « L'abstrait et l'utile ». Parce que le théâtre-forum, c'est quelque chose hors du temps. C'est comme la joute médiévale. Elle ne se faisait pas sur la place publique mais en dehors de la cité, dans un lieu normalement accessible au peuple et à la royauté, au souverain. Donc il y a un lieu qui était le lieu populaire, hors du temps. Et je trouve ça bien que le théâtre-forum soit aussi un objet hors du temps et de la réalité.

Isabelle : Ça interroge sur l'utilité d'un objet hors de la réalité. On est toujours rendu à ces débats : « Est-ce que l'art doit être utile ? Est-ce que le comédien, l'artiste, est utile ? ». Moi j'ai interrogé ça dans mon livre

---

[27] Référence au titre de mon premier livre sur l'atelier théâtre, *Contribution d'une ouvrière du théâtre au bonheur du monde*. Éd. Harmattan.
[28] OS : Ouvrier Spécialisé.
[29] La BOATE, mon autoentreprise d'enseignement culturel et de médiation artistique.

Et vous en vivez ?[30]. La manière dont je conçois l'art est proche de l'artisanat ; il a une utilité. Puisque mon but était aussi d'interroger matériellement le statut du comédien, qui doit être financé, payé, pas plus ni moins que le boulanger, l'ouvrier... C'est une question essentielle pour moi. Je pense qu'elle est essentielle aussi pour le théâtre-forum.

La dimension économique du théâtre-forum

Gilles : Rappelle-toi la discussion qu'on a eue avec un prof – je me la rappellerai toujours. Ce prof disait :
« 1 500 euros, c'est ce que je gagne en un mois, et c'est ce qu'on vous donne en deux heures. » Et j'avais eu le culot – je sais pas si tu étais là, mais je crois que oui – de lui dire :
« Oui, on est d'accord. Est-ce que vous savez combien coûte votre poste, à vous ?
- 1 500 euros.
- Ah non. 1 500 euros + les taxes. Vous avez une photocopieuse ?
- Oui.
- Vous vous en servez ? Vous savez combien ça coûte ? »
Et puis on avait décliné tout ça. Et il s'était arrêté de comparer notre rémunération à la sienne.

Isabelle : Moi j'ai fait la même chose en tournée. J'ai expliqué aux profs le prix de notre représentation. J'ai comparé nos salaires, à nous, comédiens, aux leurs.

Gilles : C'est très intéressant, parce qu'à un moment donné les profs se rendent compte que le coût de poste, il faut le ramener à ce que tu disais tout à l'heure : l'écriture, ça vaut tant. Dans l'entreprise, c'est pareil, quand tu factures quelque chose, le gars dit : « Oh ben c'est très cher pour deux heures. »

---

[30] *Et vous en vivez ?*, mon livre sur la précarité des intervenants artistiques paru en 2019 chez l'Harmattan.

Isabelle : Je pense que tu as moins cette réflexion de la part des personnes qui travaillent en entreprises.

Gilles : Parce qu'elles savent.

Isabelle : Oui. Il y a en revanche beaucoup de profs qui ne savent même pas lire leur feuille de salaire.

Gilles : Et ils ne savent pas combien coûte à la nation un poste comme ça. Comme ils ne connaissent pas le prix d'un étudiant non plus. Et l'étudiant ne connaît pas son prix. Je crois qu'on est dans une société – la France a été très forte là-dessus – où on a gommé tous les problèmes économiques. Parce qu'il ne fallait pas trop en parler.

Isabelle : C'est important, cette dimension économique. Pour moi, dans mon bouquin c'est fondamental. De même qu'est fondamentale la question de l'utilité de l'art. C'est un corollaire.

Gilles : S'il y a un prix à la chose, il y a une utilité à la chose. C'est important de mettre en corrélation ces deux termes. Il y a une utilité parce qu'il y a un prix, il y a un prix parce qu'il y a une utilité. Mais on pourrait dire la même chose d'une œuvre d'art. On est un petit peu prude sur ce sujet.

Isabelle : On est prude parce que dans l'absolu, dans l'imaginaire collectif, on est dans l'idée que l'artiste est au-delà des conditions matérielles des choses. De toute façon l'artiste est soit quelqu'un de très pauvre, soit quelqu'un d'immensément connu. On ne te paye pas, parce que ce que tu fais, c'est personnel. Tu es né comme ça, tu as un don. C'est ce que tu disais hier soir à table par rapport au musicien africain : « Tu as ça dans le sang. ». Tu n'as pas besoin d'être rémunéré. Ou alors tu es une espèce d'exemple, un personnage élu, que l'on va peut-être payer beaucoup mais qui va devoir payer beaucoup en retour, parce que tu attends de lui une conduite d'artiste. Par exemple, la manière dont on voit les « people » : il faut qu'ils souffrent, qu'ils souffrent en amour, qu'ils se droguent... Quelque part tu dois le payer. Soit tu es un artiste maudit qui n'a pas un sou, soit tu es une vedette qui doit des comptes, dans l'exemplarité, dans la starification du personnage.

Gilles : J'ai coutume de dire : « La création n'a pas de prix, elle a un budget. » J'ai toujours défendu ça, depuis mon premier écrit en 70.

Isabelle : Ce qui est intéressant à noter, c'est le fait que le théâtre-forum ne soit pas reconnu comme une activité artistique, encore, par la DRAC[31]. C'est très difficile pour lui d'être subventionné en tant que théâtre, en tant qu'œuvre artistique. Alors que moi, ce que j'entends développer et expliquer, c'est que le théâtre-forum, c'est du théâtre. D'ailleurs Boal aussi l'exprime. Il y a cette importance de la théâtralité, plus ou moins présente mais en tout cas pensée. Même si elle n'est pas assumée complètement, selon les points de vue des différentes compagnies, elle est quand même en interrogation. Elle existe. Mais pour la DRAC il n'y a pas de théâtralité en théâtre-forum. On n'est que du côté du social. Et donc si tu as des subventions, ce n'est que du côté du social, Politique de la Ville, etc. C'est parce que le théâtre-forum résume bien cet inconfort qu'on a vis-à-vis de l'acte artistique. Parce que tu peux te poser la même question de l'utilité de l'art, que ce soit du théâtre, ou de l'expression plastique, ou musicale, par rapport à la cité. À quoi ça sert ?

Gilles : À quoi ça sert, aussi, d'être entre deux ? On est socioculturel, aussi. Qu'est-ce que c'est que cet objet ? Les objets hybrides, maintenant, en art graphique, en arts plastiques, sont de plus en plus valorisés, quand même. La vidéo avec de la peinture, avec la sculpture...

Isabelle : C'est valorisé, mais le baromètre, c'est quand même les subventions. Essaie de te faire financer un objet hybride... Ça reste quand même extrêmement difficile.

---

[31] Direction Régionale des Affaires Culturelles.

Gilles : Regarde *Triste Tigre* de Sinno, qui raconte l'inceste avec son beau-père. Elle n'a pas eu le prix Goncourt parce qu'au prix Goncourt on ne récompense que les romans[32]. Son livre est hybride. C'est à la fois un roman et une œuvre sociologique.

Isabelle : Eh oui ! Pour en revenir à ma petite personne, ça fait plusieurs fois que je frappe à la porte du CNL[33] et mon problème, c'est que ce que je produis est toujours hybride. Je n'ai jamais fait quelque chose qui ne le soit pas. Il y a en général une forme de fiction dans ce que je produis, même dans la formalisation de la pratique, et si je ponds un truc qui est purement fictionné, ce n'est pas un roman à strictement parler ; c'est quelque chose de surréaliste, poétique... Je suis jusqu'à présent dans l'incapacité de faire quelque chose qui ne soit pas métissé... Or pour demander une aide tu es obligé de mettre ton projet d'écriture dans une rubrique. Le théâtre-forum est lui aussi hybride. Et du coup, ce n'est pas évident de pouvoir frapper à la porte des subventionneurs.

Gilles : C'est une question de cases. Boal pourtant n'a pas fait que du théâtre-forum. C'était un metteur en scène. Moi j'ai vu des spectacles de théâtre de lui dits « normaux ». C'était totalement farfelu, et en même temps fouillé. C'était du Racine, quoi. C'était de la tragédie. Comme il avait fait ça avant le théâtre-forum, on sentait que le drame était au cœur de sa réflexion, qu'il fallait se dire : il n'y a pas de théâtre-forum sans drame. Il fallait d'abord un drame pour que les gens puissent se réveiller, prendre la parole, se révolter devant l'injustice. Et c'était un drame théâtral : il y avait un héros qui avait besoin d'accomplir sa volonté, cette volonté était contrecarrée à droite, à gauche, au milieu, elle était contrecarrée par lui-même aussi, par le flic qu'il a dans sa tête[34], et à un moment donné, c'est ce tout, là, qui fait que le forum a pu exister.

---

[32] *Triste Tigre* a eu le prix Goncourt des lycéens.
[33] Centre National du Livre.
[34] « Le flic dans la tête » est un concept que Boal expérimentera pendant les dernières années de sa vie.

Par contre, si on revient à la DRAC, on nous a souvent dit : « Mais pourquoi vous ne faites pas uniquement un objet théâtre, sans forum ? » Puisque ça peut exister tout seul, avec uniquement les scènes, le modèle ?

Isabelle : On est en train de parler du fait de rentrer dans des cases, pour pouvoir toucher des sous, et je pense que c'est normal. Il faut, d'une manière ou d'une autre, avoir une idée claire de cet objet qu'est le théâtre-forum, pour pouvoir évaluer, après, comment on le finance. Moi ça ne me choque pas, que la DRAC ait besoin de ça. Il faut par conséquent lui apporter une réponse claire et intelligible de ce qu'est le théâtre-forum, lequel a autant à voir avec l'artistique - et lui expliquer pourquoi c'est artistique - qu'avec le social ou le citoyen, de manière générale. Il faut lui expliquer l'intérêt de cet outil-là qu'elle doit financer. Parce que le théâtre-forum, c'est aussi un fait de culture. C'est à la fois un fait artistique, avec tout ce qui recouvre l'idée d'artistique, mais c'est quelque chose qui a aussi avoir avec la cité.

Le théâtre-forum et les questions de société : anticipation ou accompagnement ?

Gilles : Ça, c'était la grande question que l'on s'est posée aux dix ans de la compagnie. Est-ce que le théâtre-forum suit les sujets de société ou est-ce qu'il les anticipe ?
Je pense que le théâtre-forum... Je pensais - je vais mettre un imparfait - qu'au départ, le théâtre-forum, parce que j'étais jeune et fringant, allait propulser des sujets que la société ne se posait pas. Carrément.
Oui, soyons idéalistes. Je peux en parler sur trois sujets dont on a parlé. L'accession des femmes dans l'entreprise, 1989. *Galère de femmes*. 250 représentations en tout. L'idée, c'est de dire si à ce moment-là, le théâtre-forum était en avance ou pas.
Eh bien on peut dire que là le théâtre-forum était en avance sur certains points statistiques. Statistiquement, les femmes à l'intérieur de l'entreprise avaient une accession minime. Ça, on ne pouvait pas le nier. Du point de vue sociologique, l'année 89-90, on en était au balbutiement de l'idée

d'égalité hommes-femmes. On va dire que le premier ministère du droit des femmes, c'est sous Giscard. Et le deuxième ministère, c'est sous Mitterrand. Et donc, en 89, Véronique Meyers arrive, en voulant bouleverser, et on lui fait remarquer qu'elle bouleverse trop, en demandant à ses délégués d'enquêter sur l'égalité dans l'entreprise. Et là je tombe des nues, quand j'écris la pièce, avec tous les témoignages de gens qui sont à mille lieux de penser ces inégalités. Donc je me suis dit : « Putain, le théâtre-forum est avant-gardiste !

La deuxième pièce, c'est *Abus de secret* sur l'inceste. Et là, déjà, le mot « inceste » n'existe pas. Dans le texte de la fiction, on a dû le remplacer. En effet, l'usage faisait qu'on ne disait pas « inceste ». On disait « agression sexuelle », ou « abus » sexuel ». Quand j'ai relu ça trente ans après, je me suis dit qu'on a fait des progrès au niveau lexical ! Mais, pareil, c'était un sujet qui était en avance sur le temps. L'association support de ce spectacle-là défrichait le territoire de la Loire, en insistant : « Mais si, c'est un thème important ! » Elle avait à sa tête une psychologue, un juge pour enfants, une personne de la PJJ[35], donc des gens qualifiés, avec un pédigrée universitaire, l'association AISPAS 42[36]... Eh bien, eux-mêmes se heurtaient à ce que la société n'était pas prête à entendre. J'en veux pour preuve une petite anecdote :

Mireille Dumas[37], à Paris, entend parler de l'association. Elle dépêche une équipe de réalisation pour faire un reportage dans un lycée. Les gens sont d'accord, on fait ce reportage, on fait cette captation. Elle est enchantée de voir le nombre de témoignages qui arrivent, les gens qui parlent de leur expérience, les gens qui cherchent des solutions à cet abus de secret, qui parlent de l'inceste, qui disent le mot « inceste », qui parlent de viol. On est en 91, donc c'est deux ans après.

---

[35] Protection Judiciaire de la Jeunesse.
[36] L'association AISPAS accompagne depuis 1990 les victimes de violence sexuelle et participe à la prévention d'abus sexuels.
[37] Mireille Dumas est une journaliste, réalisatrice, productrice et animatrice de télévision française.

Eh bien *Abus de secret* meurt au bout de la vingtième représentation. On a dû jouer cinquante fois maximum sur toute la longévité de la compagnie ! Et pourtant, l'objectif était de sensibiliser à la question du viol intrafamilial, sensibiliser au viol, à l'agression sexuelle ! Nous étions trop en avance.

Le troisième spectacle s'appelle *Fringales d'étoiles*, en 93. On y évoque les addictions, l'alcoolisme, l'alcoologie et les jeunes. Pour moi, c'est la révolution ! Mais force est de constater que là, le théâtre-forum n'est pas en avance. Il accompagne la société. Il est un outil. Il est une vision un peu décalée. Il est une vision de pas de côté. Ça, c'est mon côté nantais[38].

Il rit. Il ne peut pas être en avance, parce qu'il est ancré dans la société. Pour qu'il y ait réflexion, pour qu'il y ait production de l'intelligence collective, comme tu dis, il faut qu'il y ait un passé de réflexion, un passé d'action, un passé de fait, pour qu'on puisse en tirer des situations et qu'on puisse trouver des échappatoires, des alternatives, des solutions, tous les mots que l'on a pu inventer jusqu'alors.

Ce qui me fait dire, association d'idées, que trente ans plus tard, j'ai créé un spectacle qui s'appelle *La vie est un conte de faits*. Parce que le théâtre-forum s'appuie sur des faits, s'appuie sur des réalités, sur des stéréotypes, sur des préjugés, et c'est sur cette base-là que l'on va pouvoir assassiner les préjugés. On va demander des comptes aux faits. On va pouvoir imaginer une société - et là on revient à un terme de la société - différente. Une société différente, mais une société qui s'améliore. Là, je rejoins ton idée d'humilité. Il faut être humble. Le théâtre-forum se doit d'être humble.

La prise de la parole dans le cadre du théâtre-forum, il faut le mesurer, c'est un grain de sable dans la mer de sable. Mais ça a le mérite d'exister.

---

[38] Référence à la célèbre statue nantaise de Philippe Ramette, « Éloge du pas de côté ». Un défi aux lois de la physique !

Une tendance de certains spectateurs à la radicalité

Gilles : Il m'est arrivé dernièrement une séance où les spectateurs se sont pris au jeu. La violence intellectuelle, la violence émotionnelle de l'oppresseur leur étaient intolérables. Et pourtant cette séance engageait la discussion. Il y avait une ouverture.
On a eu un spectateur qui est arrivé et qui a insulté la comédienne. Je dis bien la comédienne, pas le personnage. La comédienne m'a regardé, elle s'est rassise et puis c'est tout.
On a parlé aux spectateurs de cette solution – parce que c'est une solution, l'engueulade, la mise au pilori, la cancel culture… « Je vous dénis le droit d'exister. » Alors que tu es l'opprimé !
Moi ça m'a interrogé, cette radicalité face à un oppresseur, en étant l'opprimé. Qu'est-ce que c'est que cette radicalité qui arrive, qui surgit, que nous n'avions pas avant ? En 2015 je n'avais jamais eu cette radicalité.

Isabelle : Ça me fait penser aux réseaux sociaux. Ça rejoint la radicalité de personnes que je vois, par exemple féministes, ou de la jeune génération, pour laquelle il n'y a pas de discussion possible avec l'oppresseur. L'oppresseur, on lui dit tout de suite « Ta gueule ! ». Moi, dans mes commentaires de commentaires de posts, je suis allée jusqu'à ironiser : « Puisque les hommes sont des oppresseurs et qu'il n'y a pas de solutions, qu'il n'y a pas de discussions, qu'il n'y a pas de possibilités d'évolution, on va supprimer les hommes ! On va rester entre femmes, féministes, toutes d'accord, toutes victimes. Voilà. »

Gilles : Là, on perd le sens du théâtre-forum. Là, l'espace de parole n'existe plus, puisqu'on nie l'autre. Il n'y a que ça, comme tu dis : tuer l'autre. On tue l'autre pour pouvoir exister.
Pendant une séance de théâtre-forum, je pense que la radicalisation de ces individus provoque chez les spectateurs témoins une sidération complète. Il n'y avait que moi qui avait noté ça. Ou bien certaines personnes qui n'osaient pas le dire. Parce qu'il y a cette peur d'aller contre cette

radicalisation. Elle fascine, à la fois, parce qu'il y a un « flow » et une rapidité d'élocution du spectateur oppresseur qui fait qu'à un moment donné on conseille au comédien : « Attention, si le spectateur se met en colère, ne partez pas avec lui en colère, parce qu'on va vers un jeu stérile, vers le jeu des gamins oui-non-oui-non-oui. Ça n'apporte rien. Au contraire, proposez-lui une autre sensation, une autre émotion, pour qu'il s'aperçoive qu'il a touché, peut-être, et pour qu'il poursuive son discours avec un autre jeu. » Ça permet de tester, de savoir s'il n'y a qu'un seul jeu.

Si le théâtre-forum a une éducation à faire aux spectateurs, c'est de dire : « Les oppresseurs existent, on ne peut pas les tuer. » Boal avait dit ça avec le « Stop, c'est magique ! » Mais on l'a oublié. C'est effarant. Donc à un moment donné, le comédien qui reçoit cette violence, il faut, comme tout travailleur social, le protéger. Le meneur de jeu, c'est son job, et c'est le job du comédien d'arrêter l'improvisation et de se tourner vers le meneur de jeu en disant : « Stop. Je ne peux plus. Vraiment. »

Isabelle : Mais je pense qu'il y a un garde-fou qu'on doit avoir dans la construction, dans l'écriture du spectacle, pour qu'on évite d'avoir un spectateur qui vient casser la gueule à l'oppresseur. C'est montrer du doigt que finalement l'oppression la plus difficile à combatte, c'est souvent l'oppression « gentille », l'oppression des proches, l'oppression de la personne qui vous veut du bien, à qui on ne peut pas casser la gueule.

Gilles : Avec les réseaux sociaux, ce personnage d'oppresseur gentil, on ne l'a pas. Moi je sais que l'oppresseur gentil, onctueux, aimable, il a disparu.

La longévité du théâtre-forum

Gilles et moi sommes dans une forme de retraite. Je dis « une forme de », parce que même s'il a pris officiellement la sienne, Gilles, en revenant de temps en temps à TENFOR, à l'occasion d'anciens spectacles écrits par lui, et en travaillant avec la compagnie nantaise Cavales, n'a pas décroché des planches. Quant à moi qui pense prendre la mienne en

2025, et qui proclame haut et fort que je vais alors enfin pouvoir me consacrer à cent pour cent à l'écriture de fictions et aux arts plastiques, je sais dans le fond que je garderai un lien régulier avec le théâtre-forum, ne serait-ce qu'avec des rendez-vous de transmission dans des ateliers de formation au Joker ou avec l'écriture-forum, dans le cadre de TENFOR ou ailleurs.

En tout cas, même si notre nouvelle étape de vie nous éloigne petit à petit du théâtre-forum, nous nous préoccupons de son avenir, de sa longévité. Nous savons en effet que certains de nos interlocuteurs et interlocutrices, notamment ceux et celles ayant la possibilité de subventionner le théâtre-forum, considèrent celui-ci comme « ringard ». Ils et elles pensent que cette forme de jeu est associée aux années 70, aux post-hippies, aux révolutionnaires chevelus et aux discours énervés de l'extrême-gauche.

D'autres – ou les mêmes, certain.e.s cumulent les a priori – mettent en doute le sérieux du théâtre-forum. Il leur faut comme pour le théâtre classique des marques de sa légitimité intellectuelle. Or le théâtre-forum est davantage une recherche sur le terrain qu'une discipline universitaire. D'ailleurs, la caution universitaire peut se révéler nécrophage, une négation de l'expérience, du vivant, de l'expérimentation.

Enfin, contrairement à ceux qui le proclament avec mépris, ce n'est pas non plus une mode.

La mission du théâtre-forum, c'est celle de l'artiste, du clown. C'est une contribution à l'ouverture des imaginaires, à la création de mondes possibles.

Et vous n'êtes toujours pas morts ?

Gilles : Tu dis dans ton livre, à propos du statut des médiateurs artistiques : « Et vous en vivez ? ». Si on veut être plus Machiavel, en creux, la question qui est posée, c'est « Et vous n'êtes toujours pas morte ? » Comme on sait que dans l'art théâtral, le plus important, c'est l'auteur mort…

Un bon auteur mort, il a une nécrologie, il a une notabilité qui est importante. Pourtant pour moi l'auteur vivant est intéressant parce que son

œuvre évolue, qu'elle peut être contradictoire ou inachevée. Il est en cours d'évolution, il est en cours d'initiation. Mais ce n'est pas intéressant, ça, pour nos détracteurs. Parce qu'ils attendent le drame. Donc la question c'est aussi « Vous existez toujours ? »
Est-ce qu'on va poser la question à un médecin « Vous êtes toujours médecin ? », « Vous êtes toujours prof ? », « Vous n'êtes pas lassé d'être prof ? », Vous n'êtes pas lassé de guérir des gens ? », Vous n'êtes pas lassé d'entretenir la flamme ? »
Ben non, c'est un de nos boulots, d'entretenir la flamme. C'est une des missions du théâtre-forum, c'est-à-dire d'aller vers vous, qui que vous soyez, homme, femme, enfant, adolescent, adulte, capable d'exprimer votre flamme. Et donc on va parcourir les chemins de France pour rencontrer ces gens-là. C'est une mission comme une autre, c'est un métier comme un autre.

La légitimité du théâtre-forum

Gilles : Quand les subventionneurs ont en face d'eux quelqu'un d'hybride, ils ne savent pas quoi en faire. Alors l'hybride, le métis, a besoin de se justifier. Moi, j'ai eu beaucoup de fois le besoin de me justifier. Pourquoi je faisais du théâtre, quelle était mon histoire... Mais de quelle école tu es ? Quel est ton penseur préféré ?... Bref, le besoin d'avoir une image claire de la personne qui est en face de toi. C'est pour ça que la DRAC a du mal, je pense, avec cet objet théâtre. Parce qu'on ne correspond pas aux canons des siècles qui sont passés. Quand tout à coup un gars me dit : « Oui mais vous savez, c'est un peu vieux, le théâtre-forum. C'était dans les années 70, quand même. », je lui réponds : « La commedia dell'arte, c'est vieux, ça aussi. Et alors ? ». Pendant des années, j'ai cherché la case. Et maintenant, à la retraite, je me suis dit : « Je m'en fous. C'est fini. »
J'ai rencontré souvent cette appréciation, cette interprétation perverse, de dire que ça ne pouvait pas durer longtemps, ce théâtre-forum, que c'était éphémère, qu'il n'y avait pas de base sociologique, qu'il n'y avait pas de base anthropologique. Et Dieu dans tout cela ? Il n'y avait pas de filiation.

Alors la filiation, j'ai répondu que je la voyais dans Célestin Frenet et l'expérimentation. Mais il faut voir comment les enseignants à l'heure actuelle encore vivent la pédagogie Frenet. C'est encore sous le manteau, de dire que l'élève est capable d'expérimenter avant d'avoir appris sa leçon. Pourtant il est nécessaire que l'enfant, l'ado, l'adulte fasse son expérience avant qu'on lui dise et qu'on lui apprenne la leçon. Parce qu'en expérimentant il va tirer déjà des leçons.
La longévité du théâtre-forum est là-dedans. Si on est juste dans une posture pédagogique de la valorisation des acquis, c'est sûr qu'on va mourir très vite. Si on est un terrain d'expérimentation, là, on a quelques siècles devant nous. Comme des auteurs ont exploré des thématiques dont on parle toujours.
Permettez-moi d'exister en tant qu'objet hybride, en tant qu'objet non-universitaire, non-scientifique, non-tout, non-théâtre. Non-théâtre, oui parce qu'on a mis le forum. Non-forum non plus, parce qu'on a mis également le théâtre. On n'existe dans aucune case. Le théâtre-forum un objet à lui tout seul. Mais il faut remarquer que cet objet à lui tout seul a eu des ramifications à droite à gauche, et que c'est un objet qui dure depuis 1970, quand même.

La mission du théâtre-forum : aller voir candidement ailleurs

Gilles : Le Candide, ça vient de Voltaire qui dit : « Si on ne peut plus compter sur le monde dans lequel on est, il faut aller voir le monde ailleurs. » C'est un peu cette idée-là que le théâtre-forum peut se donner comme mission. D'aller voir ailleurs. Le « aller voir ailleurs », ça va de l'utopie à la critique, au fait qu'on imagine un monde. On imagine les relations humaines, on imagine des justices. J'emploie le pluriel à bon escient parce que je crois qu'il n'y a pas une justice, mais des justices des hommes et des femmes. Et si on peut arriver dans le temps d'une heure et demie, le temps d'une tournée, à amener un regard autre sur le monde, c'est un des points.
Je trouve que le candide, - ou le clown, c'est le même - porte un regard politique sur le monde. Et c'est davantage que le théâtre normal, qui porte

aussi un regard sur le monde, mais qui est un miroir. Avec le théâtre-forum on va un tout petit peu plus loin parce qu'on propose de créer un contre-monde. De créer quelque chose qui n'existe pas. Qui pourrait exister. Et qui est vraisemblable, peut-être réalisable, et en même temps effrayant parce que c'est l'aventure, et donc c'est une page blanche, et on sait très bien que l'humain ne veut pas aller dans le désert parce qu'il ne sait pas ce qui va lui arriver. Il a peur de perdre ce qu'il a construit derrière. Même si c'est une prison, une oppression, au moins dans cette oppression il a le sentiment d'exister et d'être visible. On lui marche dessus mais il sait qu'on lui marche dessus. Et en même temps, il a peur et envie à la fois. Et le clown, c'est un peu ça. Il a peur de rentrer sur scène, mais en même temps dès qu'il est bien sur cette piste vierge d'accessoires, vierge de performance, il y habite petit à petit, il s'ancre sur la piste, il s'ancre sur la scène quand c'est un clown hors cirque, il s'ancre au milieu des gens quand c'est un théâtre de rue, il permet cette conjonction de regards sur lui qu'il va renvoyer après. Il est l'utopie, il est l'imaginaire des spectateurs.

Si, avec le théâtre-forum, cet imaginaire des spectateurs est incarné par un spectateur lui-même, eh bien on sait que ça porte des fruits, depuis cinquante ans.

Où en sont les vieux Jokers Gilles et Isabelle ?

Du côté de chez Gilles

Le dessin et la poétique du théâtre-forum

Gilles, *sortant ses dessins* : Voilà. Alors je ne sais pas si ça a à voir avec notre affaire de théâtre-forum. Sans doute. Mais l'idée du dessin automatique, c'est que ce n'est pas le cerveau qui guide la main, c'est la main qui guide le cerveau. C'est-à-dire que c'est la main qui dessine ce que l'on va produire sur la page blanche. Et le cerveau va faire des associations d'idées avec ce que l'œil voit. Et donc c'est la combinaison entre la raison et la... je ne sais pas comment on pourrait appeler ça... la divagation, l'imaginaire, le rêve et peut-être le subconscient. Mais je ne m'aventure pas dans une analyse plus approfondie. Par contre, ce qui est intéressant, c'est de partir de ce postulat qui est qu'on peut écrire mécaniquement, mettre des mots les uns après les autres de façon mécanique et que ça peut former des phrases, des poèmes, des suites incohérentes... Mais à leur lecture par l'autre partie du cerveau, ça va nous éclairer sur ce qu'on est à ce moment-là et sur ce que sont les grandes interrogations que l'on se pose.

Il est quand même questionnant que je sois devenu aphone à un moment où je n'avais plus envie de jouer, par exemple. La nécessité de la compagnie, la nécessité financière peut-être et la nécessité tripale ont fait que j'avais accepté des contrats à mon corps défendant. En sachant très bien que cette nécessité plurielle allait avoir des incidences douloureuses. Ça, je l'avais déjà vécu, donc je le savais, que ça allait être douloureux. J'y suis quand même allé, dans cette aventure, et ça n'a pas manqué d'arriver : je suis devenu aphone juste après.

Et donc le psycho que je devais voir me dit : « Écrire mécaniquement, ça, vous le faites. Je vous l'ai demandé. Mais dessiner, ça serait peut-être mieux, parce que dessiner, on pourrait voir ensemble ces associations d'idées. Dessinez, beaucoup, un dessin par jour, et au bout d'une semaine,

on va faire des associations d'idées pour voir où vous en êtes sur le problème qui vous concerne et qui paraît douloureux. »
Juste la petite anecdote : j'ai quand même fait quatre fois neuf mois d'analyses avec quatre praticiens différents qui se sont arrêtées au bout de neuf mois.

Isabelle : Neuf mois... *Elle rit.*

Gilles, *pince sans rire* : Pas de commentaire. Donc j'ai produit des lettres, des voix, très orthonormées au départ. *Gilles montre ses dessins.* C'est très construit.

Isabelle : Avec des mentions d'écrits. Enfin, tu es aussi dans l'écrit.

Gilles : On part dans le hard, on part dans le surréalisme. On part dans l'ellipse. À partir de là, on a pu découvrir ce que le cerveau droit renfermait et ce qu'il me disait au cerveau. Ce que ce cerveau droit produisait comme actes...

Isabelle : Comme signaux...

Gilles : ... comme signaux visibles, pour que le cerveau gauche puisse réfléchir dessus et qu'on ait une piste de réflexion. C'est quand même assez drôle que le mot « transmettre » soit au milieu de tout ça.

... ...

Gilles : Sur ce dessin, je m'amuse. Je m'amuse à faire du théâtre-forum.

Isabelle : Oui ? En quoi c'est du théâtre-forum ?

Gilles : C'est la différence de point de vue, la différence d'interprétation et la différence d'idée. Tu ne te rajoutes pas un détail, tu fais des écrans de fumée ou pas.

Tiens, on n'a pas parlé des écrans de fumée. Boal avait cette idée-là d'écran de fumée, mais il y a très, très longtemps. Enfin, je ne sais pas s'il a employé tellement le mot « écran de fumée ». Pour moi, c'est un terme qui vient d'un de mes maîtres, André Benedetto. Je ne sais pas si tu vois qui c'est, André Benedetto.

Isabelle : Non, je ne vois pas.

Gilles : André Benedetto[39], c'est un communiste qui a fait des spectacles entre la poésie et la révolution. Avec une précision de dramaturge et de metteur en scène qui amène le spectateur vraiment à être ému, à être conscient des problèmes. Enfin bref, c'est un brechtien. Sauf qu'il va plus loin parce qu'il est poète aussi. Et la plupart de ses spectacles sont en vers. En vers libre mais sous forme de poésie. C'est très drôle.
Je n'ai pas encore fait un théâtre-forum en vers mais ça viendra peut-être. En poésie, ce qui est intéressant, c'est cette juxtaposition de la réalité et de la vision de la réalité. Ce double permet d'appréhender plus facilement la réalité. Je dis « permet », et là, soyons humbles. Il peut amener l'être humain à entrevoir ce que le théâtre-forum est, quelle place il a et ce qu'il va faire dans les années futures. Mais soyons humbles là-dessus.

La compagnie Cavales de Nantes

Isabelle : À part le dessin, est-ce que tu peux me dire où tu en es aujourd'hui par rapport au théâtre-forum ?

Gilles : Oui mais non.

Isabelle : Oui mais non ?

---

[39] André Benedetto, né le 14 juillet 1934 à Marseille et mort le 13 juillet 2009 à Nîmes, est un auteur, directeur de théâtre et poète français. Directeur du théâtre des Carmes à Avignon depuis 1963, il est considéré comme le fondateur du « Off » du Festival d'Avignon en 1966.

Gilles : Oui, je peux te dire où j'en suis par rapport au théâtre-forum, de ces trente-trois ans que j'ai passés. Et non, parce que j'ai l'impression que je n'ai pas fait le tour, et que cette énergie que je viens de recevoir de la part des jeunes collègues me booste encore plus.
La compagnie Cavales de Nantes n'a aucune ancienneté avec le théâtre-forum.

Isabelle : Ils sont des Candides.

Gilles : Ils sont tous issus du théâtre dit « normal ». Avec une pièce, un auteur, un metteur en scène et un décorateur, un ingénieur du fond, une salle de théâtre.
Avec eux je fais du théâtre-forum en cercle. Travailler en rond, retrouver le cirque. On a parlé du cercle caucasien, du cercle de Brecht. Des dérives de ce que ça peut être, le travail en rond et en cercle.
Avec des comédiens ayant travaillé longtemps avec moi, si j'avais dit : « Bon, eh ben on part dans cette aventure-là du théâtre en rond… » , je pense que j'aurais eu beaucoup de freins de leur part. Parce qu'ils ont une antériorité du théâtre-forum, une image du théâtre-forum. Ils savent que ça marche, le frontal. Effectivement, ça marche. Donc j'aurais eu beaucoup plus de mal à les convaincre de faire ce travail. Mais j'ai pu convaincre les comédiens de Cavales de travailler comme ça. Ils ont accepté de faire tout un travail avec des spectateurs dans le dos. Je leur ai leur expliqué tout ce qui est la bulle de protection, comment arriver à parler d'un côté et à envoyer sa voix de l'autre côté. Je leur ai dit qu'il y a un plan rapproché, un plan lointain… Tu travailles avec quelqu'un à côté de toi, c'est un plan rapproché. C'est même un gros plan. Et puis tu as le plan lointain, c'est celui qui est là, qui est à l'opposé de toi. Il faut que ce plan rapproché soit compréhensible par les gens qui sont à côté, mais aussi qu'il ait sa résonance pour celui qui est à l'autre bout, qui est quand même à quinze mètres de là. Quinze mètres, le troisième rang.
C'est là que je pourrais dire que je n'ai pas fait le tour encore. Je pense qu'il y a dans le questionnement candide quelque chose avec lequel il faut faire très attention. C'est essentiel. Pour le théâtre-forum, c'est essentiel.

Pour l'écriture, c'est essentiel. Quelqu'un va te demander : « Mais qu'est-ce que ça veut dire ? Je ne comprends pas. Explique-moi. » Il va être dans la position de ce fameux opprimé qui s'exprime en interjections. « Mais que ? », « Oui, mais ? », « Ah ! », « Comment ? », « Donc ? »... Et donc, il va falloir argumenter. J'ai toujours dit que si au bout de deux minutes l'argumentation ne tenait pas debout, ce n'était pas la peine, il fallait revoir sa copie. Il faut accepter les remarques de gens candides : « Et si on faisait comme ça ? »

Et là, ça te dit que tu vas totalement à l'encontre du théâtre-forum, et de la base, et du dogme. Où je vais si je m'en vais du dogme ? Oui, c'est l'aventure. Quand tu t'en vas du dogme, tu n'as plus de parapet, tu n'as plus de garde-fou, tu n'as plus de référence, tes bouquins sont sur l'étagère. Certes, le dogme est nécessaire. Il nous protège des faux pas, il nous protège de l'aventure, il nous protège des choses qui sont de l'ordre de l'impensable. Et puis en même temps, le dogme nous stérilise, il nous empêche de voir juste à côté, il nous empêche d'imaginer, il nous contraint à la répétition, il nous contraint à psalmodier sans comprendre, il nous ligote.

Isabelle : Ce que tu dis me fait penser au travail de commedia dell'arte, qui est basé sur des règles très précises, telles qu'elles m'ont été transmises par Mario Gonzalez[40] et Vincent Rouche[41], qui les tenaient eux-mêmes de Jacques Lecoq[42].

---

[40] Mario Gonzalez, professeur de jeu masqué au Conservatoire national supérieur d'art dramatique de Paris.
[41] Vincent Rouche, clown, directeur pédagogique de la Compagnie du Moment, à Paris, était jusque dans les années 2000 professeur de jeu masqué au TNS (Théâtre National Supérieur de Strasbourg) et à l'INSAS (Institut National Supérieur des Arts de la Scène), à Bruxelles.
[42] Jacques Lecoq, né le 15 décembre 1921 à Paris 17e et mort le 19 janvier 1999 à Boulogne-Billancourt, est un comédien, metteur en scène, chorégraphe et pédagogue français. Il est maître pédagogue pour le comédien par des travaux sur le mime dramatique, le masque, le chœur des tragédies antiques, le clown et le bouffon.

En fait, c'était très drôle, parce que dans la formation que j'ai eue, on a beaucoup travaillé de manière très précise et ordonnée. La commedia demande à la fois une grande technicité, et puis vraiment beaucoup de règles, comme celle de l'apprentissage du chœur antique. Il y a le héros qui arrive, il fait comme ci, le chœur lui répond comme ça. C'est très codifié, il y a une convention très forte. Tu travailles tout ça pendant un long moment. Il y a des comédiens pour qui c'est insupportable, ce travail, cette rigueur, ces règles, parce que pour eux le théâtre n'a pas à être aussi précis.

Et puis arrive le masque neutre. Le masque neutre est en lui-même l'objet d'un travail corporel lui aussi extrêmement exigeant, avec des gestes très précis, avec un timing très précis, avec le regard dans les yeux de ton, de ta partenaire.

Enfin le personnage de commedia dell'arte arrive, et là, patatras ! Il ne peut pas respecter les règles du chœur antique. Il ne peut pas garder le regard dans les yeux de l'autre personnage, puisqu'il doit avoir le regard sur le public… Alors il enfreint tout. Et c'est d'une jubilation, et c'est très drôle, parce qu'il révèle quelque chose d'autre que cette règle austère du chœur. Déjà un grand rire, parce que vraiment c'est un éléphant dans un magasin de porcelaine ; il est dans l'incapacité de respecter la règle des trois secondes apprise avec le masque neutre, il est très indiscipliné. C'est un clown. Pour construire ce personnage désordonné, il a fallu que tu passes par tout cet ensemble de règles, sinon le personnage n'aurait pas été lisible. Il a fallu passer par un ordonnancement très, très, fort, très précis, et une fois construit, dès que le personnage est en action, il apporte sur scène un chaos absolument délirant, un désordre, et donc du coup un sens différent à ce qui se produit sur le plateau. Il va apporter des interprétations et des sens différents de ce que peut être un chœur antique. Il va apporter autre chose.

C'est la même chose en théâtre-forum. Il faut passer par des règles, une situation, un cadre clairs, une discipline stricte, et accepter qu'au bout du compte le public introduise du chaos et de l'inopiné.

Je suis quelqu'un qui aime beaucoup les règles, qui aime beaucoup le dogme. Quand j'ai commencé à dessiner, il y a longtemps, je ne pouvais le faire que dans un carré. Jusqu'au moment où mon prof, qui s'était rendu compte de ça, m'a conseillée de garder le carré et, à un moment donné, de le transcender. Mais pour l'exploser et me laisser aller dans mon chaos artistique, j'avais besoin de passer par ce corset.

Gilles : Cette frontière.

Du côté d'Isabelle

Où j'en suis ?
Pour le moment, j'en suis à l'écriture de ce livre.
Et l'objectif de celui-ci, c'est de poser des questions :
Qu'est-ce que le théâtre-forum ?
Comment fait-on pour le vendre ?
Qu'est-ce qui fait qu'on va se retrouver le plus en phase possible avec les commanditaires ?
Comment pouvons-nous faire au mieux, nous, compagnies de théâtre-forum, avec des délais très courts, avec de la rigueur, avec de la clarté, avec de l'exigence, en sachant que les personnes aux commandes des compagnies n'ont pas forcément un background très important, ou la capacité de formaliser ?
En résumé, comment peut-on faire du théâtre-forum suffisamment bon, suffisamment efficace ?
Avec ce livre, je vous propose, à vous, nouvelle génération, une base dont vous pourrez vous saisir en l'adaptant à vos choix artistiques et vos compétences. Vous allez certainement l'emmener encore plus loin, ou ailleurs. Et la dernière question que je vous poserai sera la même que celle de Gilles :
Comment faire pour que le théâtre-forum fonctionne, perdure, avec toutes les évolutions qu'il va rencontrer ?

Qu'est-ce que nous avons envie de dire aux générations qui viennent ?

Interroger la nouvelle génération

Gilles : Ce que je trouve intéressant dans les nouvelles façons de voir le théâtre-forum, c'est d'interroger la nouvelle génération, ceux qui ont vingt à trente ans, qui sortent des écoles et qui découvrent le théâtre-forum, qui ont cette impertinence, cette façon inopinée de poser des questions qui peuvent nous déranger, nous, les gardiens du Temple, et qui nous permettent d'évoluer. Comment on va évoluer ? Comment va évoluer le théâtre-forum ? Est-ce qu'il faut qu'il évolue ? Est-ce qu'il faut qu'il soit métissé d'autres pratiques ? Est-ce qu'il faut qu'il se développe de manière plus amateure ? Il doit y avoir sur Nantes au moins une dizaine de compagnies qui font du théâtre-forum, mais de manière amateure.

Isabelle : C'est une vraie question qu'on peut se poser. Moi, j'aurais tendance à me dire qu'on a besoin d'un théâtre-forum professionnel, même si on a besoin aussi du regard amateur, qui est important, et puis du travail social, parce que dans le théâtre-forum il y a les deux. Je pense qu'on a besoin d'une réflexion professionnelle sur le théâtre-forum et de l'apport de comédiens professionnels. Parce qu'il y a cette histoire de théâtralité. Les comédiens de Nantes dont tu parles, qui ont une formation importante, dans le théâtre classique, le théâtre de rue, dans le son, ce sont eux qui vont être garants d'une esthétique qui va bousculer le théâtre-forum.

Ce point de vue a été renforcé par la formation que j'ai donnée, il n'y a pas longtemps, à des comédiennes qui viennent de compagnies qui veulent faire du théâtre-forum, qui ne font pas que du théâtre-forum, qui pratiquent d'autres formes théâtrales, et qui se sont lancées dans une recherche en forum. Je pense qu'elles sont nombreuses aujourd'hui à avoir ce parcours-là. Elles m'ont agréablement surprises dans la manière dont elles se saisissaient de cette forme théâtrale avec beaucoup d'acuité.

Gilles : Je reprends le courrier que j'avais envoyé à Raphaël, le directeur de la Compagnie Cavales, en disant pourquoi il valait mieux en théâtre-forum une compagnie théâtre professionnelle.
Je disais que, dans toute discussion, dans toute communication, avec le public, avec les commanditaires, il faut que cette option-là soit totalement bien mise au clair. Pourquoi la compagnie Cavales et TENFOR sont-elles des compagnies professionnelles ? On dit toujours que le meneur du jeu est le garant direct du jeu. Qu'est-ce que ça veut dire, le professionnalisme de ce garant ? Quel peut être le travail de complémentarité entre ces fameux experts de cette compagnie professionnelle et la personne, mandatée par le commanditaire, qui peut informer le public après la représentation de théâtre-forum ? Celle-ci n'est pas une experte du théâtre-forum, on est d'accord. Elle ne sait pas écouter les spectateurs. Si c'est une psychologue, elle sait écouter dans un atelier. Et donc, s'il y a besoin de récolter des personnes qui sont sur scène, personnages et spectateurs, quelle est la professionnalisation de ce personnage-là qui va oser le faire ? Et quels sont les attendus ?
Donc on a mis en place un dossier en expliquant que Cavales est une compagnie de théâtre professionnelle. Quand le commanditaire voit le dépliant, il sent - c'est visible - qu'il a une compagnie de théâtre professionnel devant les yeux. Par contre, avec une manière de communiquer sur cet objet qu'est le théâtre-forum plus professionnelle. Ça, c'est plus dur. Ce n'est pas évident à mettre en place.

Isabelle : C'est là où, quelquefois, la jeune génération a beaucoup de choses à enseigner au vieux théâtreforumiens qu'on est.

Gilles : Pourtant il y a des gens dans la jeune génération qui ne veulent pas entendre parler de professionnels. Chez les anciens aussi, d'ailleurs. Ils viennent faire du théâtre-forum comme si c'était un objet alimentaire. Ils viennent faire des cachets. Mais jamais ils ne se revendiquent d'avoir fait du théâtre-forum. Jamais. Vade retro, Satanas !

Isabelle : Parce qu'on n'a pas considéré jusque-là le théâtre-forum comme une forme à part entière. Nous deux, nous parlons de métissage,

mais pour ceux qui le considèrent comme un objet alimentaire, c'est plutôt quelque chose d'abâtardi. Ils pensent que le théâtre-forum est du théâtre au rabais, là où nous nous revendiquons comme des professionnels et des super professionnels, donc avec un haut niveau de rémunération.
Je tourne toujours autour de cette question de précarité et d'argent, du fait d'être bien financé, parce que quelque part, je sens aussi que c'est ça qui permet de légitimer le travail qu'on fait. C'est un signal. Si tu es mal payé pour ce que tu fais, c'est parce que tu n'es pas considéré comme étant un professionnel de ce que tu fais.
En conclusion, ce qu'il faut dire aux jeunes comédien.ne.s qui viennent de temps en temps bosser à TENFOR et qui font du théâtre-forum aussi dans leur compagnie en le vendant pour deux francs six sous, c'est : « Vous vous vendez à pas cher parce que vous n'êtes pas encore tout à fait des comédien.ne.s de théâtre-forum. Vous êtes des apprenti.e.s. Mais à partir du moment où vous serez compétent.e.s et professionnel.le.s, il ne faudra pas vous vendre au rabais. Parce que ça envoie quoi comme signal, surtout aux commanditaires ? C'est que le théâtre-forum, finalement, ce n'est pas grand-chose à faire. »
On peut dire la même chose à tous ces gens qui viennent au théâtre-forum pour des raisons purement alimentaires, qui se disent que le théâtre-forum, après tout, c'est juste un spectacle qu'on peut monter en deux jours de répétition, qui demande une écriture de trois heures, qui peut être fait sans théâtralité, donc, sans compétences particulières, ni au niveau du décor, des accessoires, du jeu, ni rien. Que c'est finalement une espèce de conversation qu'on a avec les gens, et basta. Il faut leur rétorquer : « Tu as tout faux. Le théâtre-forum, c'est de l'exigence théâtrale, avec en prime le travail d'une personne qui est en capacité d'analyser la demande, d'analyser le sujet et de savoir à partir de là comment elle va inciter le public à réfléchir dessus. »

Gilles : Sauf qu'il faut savoir quel est le profil de la personne qui fait ça.

Isabelle : Qui fait ce travail-là ? Oui, on peut s'interroger là-dessus. Ça veut dire aussi que les gens développent cette compétence. Moi, là, je vois parmi cette jeune génération des personnes qui sont tout à fait en capacité de le faire. Il y a notamment des profils d'étudiants, qui peuvent avoir cette démarche de formalisation, qui sont outillés pour faire ça.

Gilles : Il faut que la personne ait quand même une bonne connaissance de ce que c'est que le théâtre.

Isabelle : C'est quelqu'un qui doit être métis. Il y a des tas de gens qui disent des choses théoriquement très intéressantes, mais tout ce qu'on a déterminé là, nous, pendant quatre jours, ça repose sur quoi ? Ça repose sur une connaissance de terrain. Pas seulement du théâtre, mais justement de cette articulation entre théâtre et forum, qui demande aussi d'autres types de compétences.

Toi comme moi, on a fait des choses de manière empirique en revenant de temps en temps à des formalisations de la pratique. Toi comme moi, on a produit de la réflexion à propos de notre outil. Donc il faut des compétences de terrain, d'abord, mais il faut aussi comprendre son sujet. On n'est pas que des personnes qui tournent des spectacles et essayent de vivre de ces spectacles. Après, les compagnies peuvent dispatcher les rôles et les compétences selon les profils, les personnes. Il y a des personnes qui vont être plus à l'aise dans l'opérationnel pur, d'autres dans la recherche.

Gilles : Il faut que la personne qui prend la commande sache qu'elle travaille pour une compagnie de théâtre professionnelle. Ça, c'est un point. Mais qu'elle ne se mêle pas de l'œuvre artistique. Moins elle sera dans le projet artistique, plus elle pourra interroger l'œuvre artistique en disant : « Attention, là vous êtes impertinent, pas dans la pertinence. » Interroger, simplement, pas provoquer : pourquoi vous faites ça, pourquoi vous êtes dans ce sujet ?

Isabelle : Peut-être que la personne qui prendra la commande sera la personne qui va monter le spectacle, peut-être pas. Peu importe. Il faut juste être conscient que son rôle est important.

Conseils des vieux Jokers

En résumé, aux jeunes comédien.ne.s qui arrivent dans la profession, qui découvrent le théâtre-forum ou qui en font déjà, Gilles et moi avons envie de dire :
Apprenez à le connaître. C'est la raison d'être de ce bouquin. Lisez-le, lisez-en d'autres. Allez faire des stages dans diverses compagnies de théâtre-forum. Vous pouvez venir à TENFOR. J'y mets en place tout un cycle de formations qui vont de la mise en place d'ateliers de théâtre-forum à la pratique du Joker, en passant par la Lutte contre les discriminations via l'outil théâtre-forum. Sans compter l'écriture de textes forum.
Apprenez par votre expérience sur le plateau, lors des rencontres avec les spectateurs, à reconnaître son utilité, son intérêt, sa valeur, les opportunités de travail qu'il peut vous apporter. Je pense en effet qu'on ne se rend pas assez compte de ses enjeux.
À vous ensuite de le défendre auprès de la DRAC et d'autres instances de subventions.
Enfin, soyez inventive, inventif ! Le théâtre-forum n'a pas fini de se décliner ! Je n'ai pas repris dans ce livre le moment de nos entretiens où Gilles évoquait le Théâtre législatif[43], d'origine québécoise, qu'il a introduit à TENFOR dans les années 2010,
je n'ai pas reproduit non plus le récit d'une expérience théâtre-forum qu'a entreprise Gilles il y a peu, basée sur ce que nous apprend l'Histoire. Avec ma petite mise en garde : « Mais si tu fais un théâtre-forum d'Histoire, il faut qu'il y ait eu un petit peu de distance chronologique... » Je n'ai pas tout repris de nos échanges passionnants, mais de notre entretien je garde

---

[43] Le théâtre législatif est une déclinaison du théâtre-forum. Il permet à des gens dans des communautés de s'accaparer un problème pour lequel il faudrait modifier la législation. Cependant il ne propose pas de remplacement des lois mais une amélioration des relations humaines. On ne détruit pas les lois, on ne les remplace pas, on les améliore.

le principal : si à la soixantaine, la soixante-dizaine, les vieux Jokers ont encore plein d'idées dans la tête pour faire avancer le théâtre-forum, qu'est-ce que vous pourrez vous-mêmes, avec l'énergie de votre jeunesse, lui apporter !

À vous donc de vous amuser et de dire aux spectateurs : Venez lui dire !